JN041829

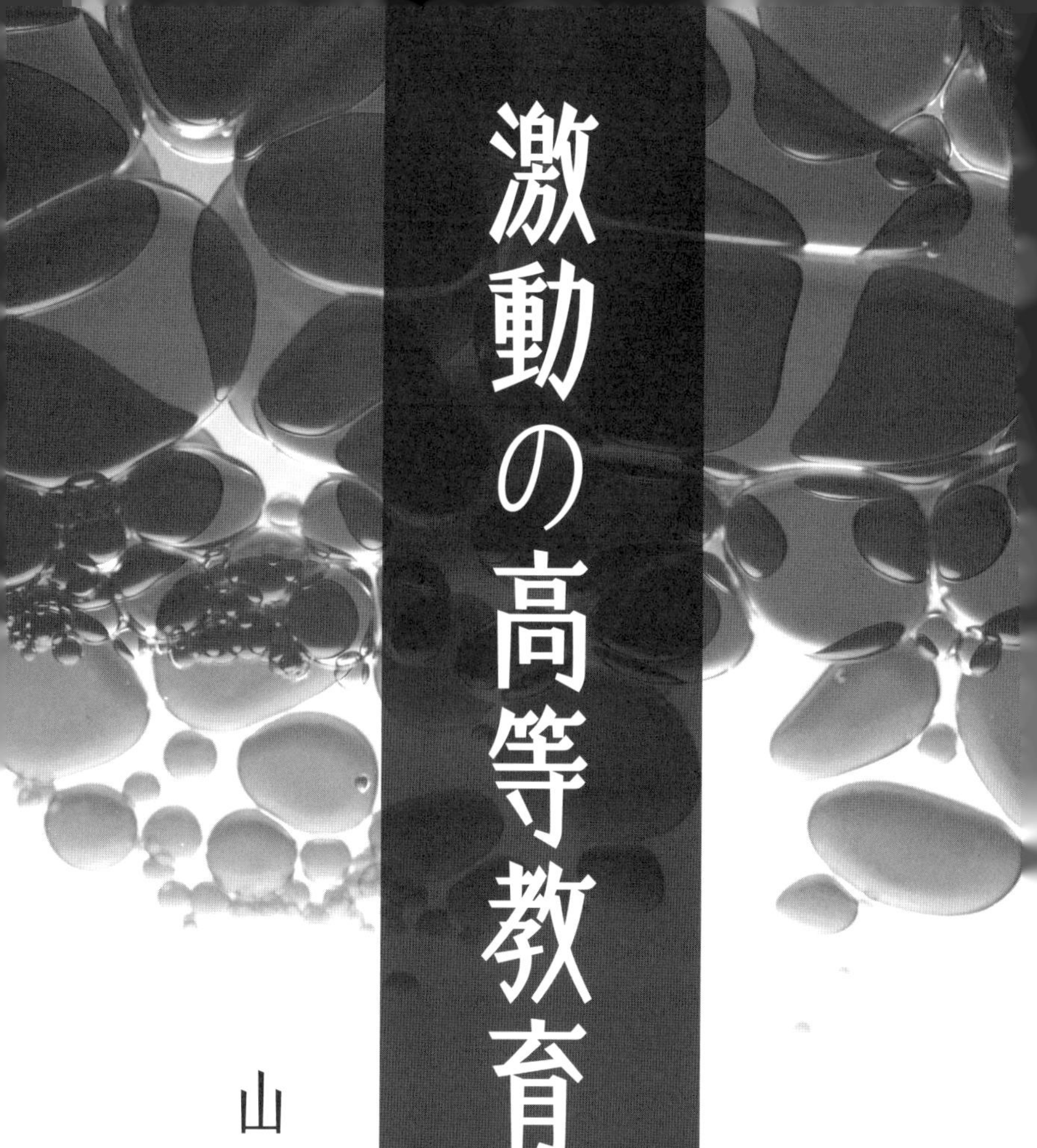

激動の高等教育（上）

山本眞一　著

まえがき

我が国の高等教育システムが大きく揺れている。激動の時代である。1990年代初頭に始まる現在の大学改革は、平成期の最初から終わりまでの30年間にわたって持続し、大学の姿を大きく変えてきた。その結果が如何なるものであるかは、本書の全体を通じて皆さんと共に考えることとしたいが、はっきりと言えることは、大学改革終息の目途が立たないということである。改革は大学を良くするはずの手段であるはずなのに、むしろ最近の状況を形容するとすれば、大学改革は、改革の手段ではなくそれ自体が目的となってきているのではあるまいか。直近の例でいうならば、大学入試改革策の一つに、英語の四つの技能を評価するとして、民間事業者を巻き込んだ新たな試験制度の導入が予定されているが、高等学校関係者の危惧や入試を専門分野とする大学関係者の反対を押し切るかたちで、当初の方針に沿ってこれが進められようとしている。しかしその改革の全体像は、議論をすればするほど不透明さを増すという有様である。この案件に限れば、延期となったが、一度決めた政策が動き出したら誰もそれを止めることができないという、過去から続く我が国の行政の欠陥が、今日に至るまで改まっていないことを示している。

この30年間に、大学を含む我が国の高等教育は大きく様変わりした。それが具体的にどのようなものであるかは、法人化や認証評価さらにはガバナンス改革などの施策を通じて、関係者には明らかなことであるので、ここではそれを繰り返すことは避けよう。ただこの際指摘しておかねばならないことがある。それは、当初政府自体が丁寧かつ慎重な態度でこれを進めていたように見えたものが、2012年の政権交代以後、教育再生実行会議や経済財政諮問会議のような官邸直属の「司令塔」の役割が強まってきたことである。大学改革の基本方針が政権中枢で決まるようになってからは、政府の大学改革には、大学を誘導するだけでなく上意下達の雰囲気が強まり、中央教育審議会でさえ審議機関というよりは改革の実務協議機関のように変容してきていると聞く。政策立案のツボを掌握した長期政権の副作用が大学に災いしているように思える。

このような変容の中、いまさら大学についてのそもそも論は無駄であるという意見もあろう。しかし困難な時代に差し掛かってきた今こそ、大学の本来のあり方を論じなければ、大学の立場ひいては高等教育政策立案・実行者の立場もますます悪くなるのではないか。本書は、筆者である私が、『文部科学教育通信』（月2回発行、ジアース教育新社）に連載を続けてきた論稿のうち、前著に続く2015年から4年間に書いた95本の論稿を、上下2巻、16章に仕分けして編集したものである。本書上巻はうち8章を掲載した。第1章は「高等教育の変容と課題」として、この数年間の高等教育の変容の様子を論じたものである。改めて読み返してみると、大学の本質に関わる変容が継続的に行われてきたことが分かる。とりわけガバナンス改革や教育活動に対する政策的関わりが強まっていることが見て取れ、自主自律を本旨とする大学のあり方との整合性を改めて考えるべきだという思いを強くする。

第2章は「混迷する大学改革」と題し、改革に対する大学界の対応を批判的に見るとともに、高等教育政策として何が必要かということについて、関係者への問題提起を行っているものである。第3章は「18歳人口と高等教育」であり、その中長期の動向が高等教育の行方を左右するという問題意識から書いた一連の論稿である。大学とりわけ学生からの授業料が収入の多くを占める私学にとって、近年の受験生の減少問題は経営上の一大問題である。とくに我が国の場合、入学者の中で成人学生の占める割合が諸外国に比べてきわめて小さく、大部分は高校新卒の18歳または一年浪人の19歳である。これには大学卒業後の大企業への就職が、若年新卒定期採用という雇用慣行のもとに置かれているからだという理由が有力である。このことにメスを入れない限り、成人学生を増やしたりリカレント教育を盛んにしたりすることも不可能であるが、果たして関係者の覚悟のほどはいかがであろうか。

第4章は「大学教育の機会と効用」、第5章は「大学教育の機能変化」である。ここでは大学教育が普及するに従ってその効用にも変化が見られること、しかし非大学卒業者と大学卒業者との間の分断にも注意が必要であること、大学教育は教養・専門教育か実践的職業教育課など、近年の大学教育の大衆化やその中での大学改革の進行によって明らかになってきたことを取り扱っている。第4章第6節の非大学卒業者との共生、第5章第5節のノン・エリートのための大学教育などは、これらの問題を考える際にぜひ皆さんにも深く考えてほしい話題である。しかし大学教育のあり方や効用は、学問分野によって大いに異なる。このことを扱っているのが第6章「分野による違いをどう考えるか」である。国民の多くは、そして我々でさえ、大学改革と言えば人文科学や社会科学など、いわゆる文系分野の改革を脳裏に浮かべて議論しているのではないか。しかし大学の他の分野すなわち理系や医系を眺めると、そこには異なる大学像が浮かび上がってくる。

話題が変わり政策形成のことを取り扱ったのが、第7章「審議会と政策形成」である。しばしば目にする審議会というものの機能はどうなっているのか、我々は審議会答申をどのような目で見ればよいのか、などの話題を取り扱うとともに、その元になる高等教育のより深い理解も必要になる。上巻最終章である第8章は「高等教育をより深く理解するために」と題し、私自身が読んで皆さんにも参考にしてもらいたい文献をいくつか紹介したものである。本書をベースにしつつ、さらに学習を深めてもらいたいと考えている。

いつものことであるが、各章各節の論稿は執筆時の状況を踏まえて書かれてある。その後の事情変更も場合によってはあるが、執筆時の勢いを失わせないために、明らかな誤りの修正や年月の明記など以外は、執筆時の原稿内容を維持することとした。各節の論稿には『文部科学教育通信』の連載時の年月を書いておいたので、必要な読替は皆さんの方で判断していただきたいと考えている。

2020年1月

山本　眞一

上巻目次

第2章　混迷する大学改革

第3章　18歳人口と高等教育

第4章　大学教育の機会と効用

第5章　大学教育の機能変化

第6章　分野による違いをどう考えるか

第7章　審議会と政策形成

第8章　高等教育をより深く理解するために

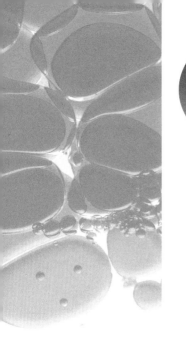

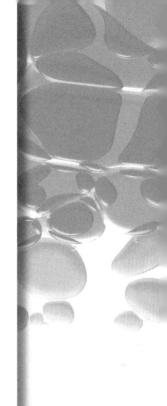

第1章

高等教育の変容と課題

1―1　高等教育システムの変容～学年始めに考える

時の流れの速さの中で

春は桜。新学期が始まり、皆さんはそれぞれの学校の業務開始に合わせて忙しく過ごしておられることであろう。入学式、オリエンテーション、授業開始と4月はあっという間に過ぎて、やがてゴールデン・ウィーク、そして暑い夏を気にかけつつも15週の授業期間を確保し、期末試験を終えてやれやれと思う間もなく、夏は夏でさまざまな行事があり、また秋口に多い学会出張などもこなしていくうちに、すぐに秋学期がやってくる。その先に待っているのは入試や卒業式。このようにして、次の1年は意外にすぐ回ってくるものだ。雑然とした現状に追われているうちに、いつしか数年が経過し、時の流れの速さに驚かれる方も多いことだろう。文部省唱歌「蛍の光」にも確かそのような歌詞があったと記憶しているが、大学業務には残念ながら、開けるべき「杉（過ぎ）の戸」はない。次々と多忙な毎日を迎え、かつ過ごす中で、主体性を失わないように気を配るのがせいぜいである。

しかし、個人や各大学が忙しく業務をこなしている間にも、世の中はずいぶん大きく変化した。大学改革が本格的に始まった1990年代初頭から今日までの約四半世紀の間には、東西冷戦の終結やバブル経済の崩壊、二度にわたる政権交代、大震災、世界情勢の不安定化など、次々と新たな事態が起きた。これに対応して、政治情勢も大きく変化し、これが高等教育をめぐる政府と大学との関係にも、地殻変動ともいうべき遷移をもたらした。かつてなら、学問の自由・大学の自治の原理に照らし、とても実現できそうもなかった大学の諸改革が、説明責任（アカウンタビリティー）という新たな理念の下に、現実の出来事になってきた。

例えば、認証評価や国公立大学の法人化、私立学校運営に対する政府の関与の強化（私学行政の整備）などは、その代表的なものであろう。また、法人化前後から始まった競争的資金による資源配分制度の拡大も、政府と大学との関係の一大変化をもたらしたという点で、特筆すべき新たな事態である。加えて、18歳人口の再減少は直近に迫り、経営上の不安を抱える大学は多数に上る。大学規模の縮小、大学間の統廃合、多様化という名の種別化などの課題も、いよいよ指呼の間に見えてきた。

激動の時代の到来

このような環境変化を見るにつけ、大学を含む高等教育はまさに激動の時代に突入しつつあるといえよう。これまで私は「質保証時代の高等教育」というタイトルで連載記事を執筆してきたが、2015新年度

図表1　過去四半世紀の大学改革の概観

（1）	大学設置基準の大綱化（教養教育問題の発生）
（2）	大学評価⇒自己点検・評価⇒認証評価
（3）	国立大学の法人化・大学のガバナンス強化
（4）	大学・学部等設置の規制緩和
（5）	学校法人改革・私学行政制度の整備
（6）	大学院教育の発展と実質化の要請
（7）	学士課程教育の充実と教育の質保証
（8）	競争的資源配分の進行（COE、GP、G30 等）
（9）	FD の義務化と SD・IR への関心
（10）	大学のグローバル化対応（Super Global U 等）
（11）	教育振興基本計画（第２期H 25 ～　）
（12）	教育再生実行会議の諸提言（H 25 ～　）
（13）	大学のガバナンス改革（学校教育法改正）

（出典）筆者

を迎えるに当たり、「激動の高等教育」とタイトルを改めて、高等教育に係るさまざまな事象について、分析を加えつつ、新たな視点で書いていく予定である。読者の皆さんの更なるご支援をお願いしたい。

さて、大学改革として列挙すべき主な出来事は、**図表1**の通りであるが、その結果大学はどのように変わってきたことであろうか。これについてはさまざまな比較があるだろうし、読者の皆さんも独自の比較軸で分析してみるとよいだろう。ここでは、**図表2**のように学校数と学生数（在学者数）に着目して、改革が始まる直前の１９９０年と最近との比較を試みてみよう。まず学校数であるが、１９９０年に５０７校であった大学は２０１４年には７８１校になった。この間、入学者の主たる供給源である18歳人口が２００万人超から１２０万人へと４割も減ったのにもかかわらず、学校数では１・５倍、学生数では１・４倍の増加である。これを部分的にせよ支えてきたのが進学率の伸びであり、１９９０年に36・３パーセントだった進学率（対18歳人口比）は、２０１４年には56・７パーセントと、１・６倍の伸びを示した。但し、女子の四大指向の高まりの中、短期大学については、学校数、学生数とも大幅に減少している。実際、私立大学の定員割れ率が、２０１４年では学校数の46パーセ

図表２　大学・短大数および学生数の変化

	大学		短大		進学率
	学校数	学生数	学校数	学生数	
1990	507	1,988,572	593	473,194	36.3
2014	781	2,855,529	352	136,534	56.7

（出典）学校基本調査

ントなのに対して、私立短期大学では65パーセントにも及んでいる。

いずれにせよ、多くの場合、大学が受験生を選抜するのではなく、大学が受験生から選ばれる立場に変化してしまった。改革による大学の魅力づくりは、政府に言われるまでもなく、大学自身の重要経営方針である。このような事態が、大学生の学力低下、学習意欲欠如の問題と無関係ではありえない。かつてなら決して大学・短大に来なかったような学生層を受入れ、これに適切な教育を施さなければ、非難を浴びるのは大学であるという図式がすっかり定着した感がある。これも激動の高等教育を示す代表事例の一つであろう。

高等教育システムは大きな目で

次に、図表3は分野別の学生数割合の推移を追ったものである。人文科学、社会科学、工学は相変わらず大きな割合を占めてはいるが、この四半世紀近くの間に、社会科学や工学では数パーセント・ポイントの規模で学生数割合を減じている。これに対して、医学、薬学、看護学などを含む「保健」系では、大きくその割合を伸ばし、四半世紀の間に割合で倍増、実数では2・6倍もの増加をみている。このことは、学生の実学指向に加えて、国家資格によって守られた社会的評価の高い職業への需要が、かつてないほど高まってきてい

図表３　分野別学生数割合の推移（パーセント）

	人文	社会	理学	工学	保健	教育	その他
1990	15.2	39.6	3.4	19.6	5.9	7.1	9.2
2000	16.6	39.9	3.6	18.9	5.8	5.6	9.7
2010	15.2	34.9	3.2	15.7	9.9	6.5	14.7
2014	14.5	32.6	3.1	15.2	11.8	7.3	15.5

（出典）図表２に同じ。

る証拠であろう。実際、最近の雑誌で見た「東大より医学部」、「看護学部は定員割れの救世主」などの記事は衝撃的であるが、時代の流れだとはいえ、優秀人材の社会的配分の問題として考えた場合、これで良いのかという疑問は沸く。

このような状況の中、各大学は学生確保や予算確保にしのぎを削るようになり、さらに次々と打ち出される政府の大学改革政策の頻度にも惑わされて、すっかり受身の状態に追い込まれている。受身でも大学改革が進めば良いのだ、という意見もあろうが、大学が自主・自律でなければ、学問の発展は見込めないだろうし、分析力・判断力に優れた学生の養成やそれによる健全な市民社会を構築する上でも、大きな支障が出てくるに違いない。大学に昔のような状態に戻れと言うつもりはないが、大学を含め高等教育が果たすべき役割については、短期的な視点で考えるのではなく、もっと大きな目で眺めることが肝要である。

激動の高等教育ではあるが、それぞれの大学関係者が、方向性を見失うことなく、どのように振舞えばよいのか、読者の皆さんと一緒に考えてまいりたい。

（２０１５年４月13日）

1―2　高等教育の課題は何か
～IDEの特集テーマを見て

高等教育を論ずる雑誌

皆さんは、『IDE現代の高等教育』（IDE大学協会）という月刊誌をご存知であろうか？　これは、以前民主教育協会（IDE）と言い、今はIDE大学協会と名を変えている機関が発行する高等教育専門誌である。高等教育政策や大学経営実務に携わる人々だけではなく、大学教員や高等教育研究者に至るまで幅広く読まれており、その記事の多くは折々の高等教育の話題を丁寧に選んだ質の高いものである。業界内部事情を中心に報ずるいわゆる業界誌ではなく、またアカデミックな研究発表の場である学術雑誌でもない、高等教育を理解しかつ向上させようと願っている関係者の期待にちょうどうまく沿うような雑誌として年月を重ねている。最新号の2016年10月号の特集は「人口減と私立大学」とあり、ちょうど文部科学省で私立大学の振興に関する検討会議が開かれている中、識者の関心の高いテーマである。この最新号は584号とあり、この雑誌が年10回の刊行であるところから、すでに半世紀以上の歴史を経ていることがわかる。

さて、この雑誌は毎号特集を掲げているが、その特集にはどのような傾向が見られるであろうか。これを見ることによって、高等教育に関する主要課題の動向がつかめるのではないかと思い立ち、少し整理を試みてみた。考察の対象とするのは最近10年間に刊行されたこの雑誌の特集テーマである。つまり、2016年10月刊行の584号からさかのぼり、2006年11月刊行の485号までの

１００テーマである。ちなみに485号の特集は「大学改革と人文学の危機」とあり、最近ホットな話題の一つである文系教育の問題が、10年前にも論じられていたことに、改めて高等教育問題の複雑さを感じる。

教育・経営・政策

その10年間の１００テーマの傾向を図表のようにまとめてみた。テーマは必ずしも一つの分類枠に入るものではなく、複数の分類枠にまたがっているものもあるだろう。それを承知の上で１００のテーマをざっと概観したところ、大きく三つの分類枠すなわち教育に関わるもの、経営に関わるもの、政策に関わるものの三つに分けられることがわかった。

第一の分類枠は教育である。ここに

図表　最近10年間のIDE特集テーマの分類

分類	主なテーマ	特集数
教育	教育方法　教育環境　ICT　アクティブラーニング	9
	教養教育　職業教育　就職　医療人材　女性 文系教育	12
	FD　大学教員	3
	学生　夏休みの活動	4
	グローバル化　国際交流	8
経営	大学経営（教学経営）　将来展望　人口減少	13
	地域と大学　社会貢献	4
	大学職員・経営人材　ガバナンス　リーダーシップ	8
	大学広報　情報公開　大学間協力　ランキング	6
	教育費　学費　研究費	4
政策	大学評価　認証評価　質保証	5
	法人化	4
	高校と大学　入試　秋入学	8
	大学院　学士課程　高専　短期高等教育	9
	その他高等教育政策	3

（出典）山本眞一による最近１００テーマの分類

は最近流行りのアクティブラーニングやラーニングコモンズなどの教育方法や教育環境に関わるもののほか、教養教育や職業教育に関わるテーマが数多く含まれている。とりわけ教養教育や職業教育については、何度もテーマ設定がなされているが、私はここに大学教育の本質的問題が隠されているからではないかと考えている。つまり流行のテーマも結構であるが、編集者はより奥深いテーマを好んでいるのかもしれない。

グローバル化、国際化に関するテーマが多いのも、改めての発見である。直近だと581号に「大学グローバル化の現段階」、558号の「学生の国際交流プログラム」などがあるが、グローバル化という環境変化に対して大学関係者がどのような対応を見せているのかが興味深い。もっともグローバル化は最近始まった現象ではなく、海外への関心は古代日本の遣唐使などにもあるように、ずっと長い歴史をもつものである。近代日本の大学造りは、海外への関心なしには成り立ち得なかったことも思い出すべきである。ただ、私が思うには、従来の受信型グローバル対応ではなく、発信型のグローバル改革が求められているのが昨今の状況である。これについて、理念先行ではなく現実の姿をさらに描き出すことも、今後必要になってくるに相違ない。

第二の分類枠は経営である。18歳人口の減少などに起因する厳しい経営環境は、教学経営や人口減少を含むテーマに13回もの特集が組まれていることからもよくわかる。それに次いで多いのは、ガバナンスや大学職員の問題である。大学職員を取り上げたテーマは、この10年で直接・間接を含めて5回に及んでおり、このテーマが多くの関係者の関心を集めていることがわかる。高等教育の研修・研究会で職員問題をテーマにするとよく人が集まることは、経験則として知られているが、私は職員論そのものが曲がり角に来ていると考えており、一皮むけた新しい職員論が登場し、論じられることを期待したい。

教育費や研究費の問題は、世の中の関心が高い割には、テーマとして登場する回数が少ないのはやや意外である。他の分類枠に紛れ込んでいるのかもしれないが、学生の奨学金のあり方、大学院生への経済支援の充実など諸課題が控えている折、これからは増えてくるテーマなのではあるまいか。

認証評価と法人化

第三の分類枠は政策である。2004年度に政策に関わる大きな出来事があった。認証評価のスタートと国立大学の法人化である。これら二つを特集テーマとして取り上げたものはこの10年で9件、やはり多いのだという印象がある。どちらの制度も段々と定着しつつあるが、定着するに従って問題点も顕わになってきている。大学の本質に関わり、また大学の多様化の進展とも微妙に関係し合うこの二つのテーマは、大学の未来を占う大きな論点となり続けることであろう。

高大接続はあまり論じられていないのではないかというのが、この分類作業をする前の私の印象であったが、入試改革を含めてこのカテゴリーを広くとると、意外に多くの特集が組まれていることがわかった。私は、自身の実務経験などから、高校教育と大学教育とは水と油、わずかに入試を通じてつながるのみ、と思い込んでいたが、ＩＤＥ編集者の意識はしっかり高大接続に結びついているものだと改めて思った。

大学院、学士課程、短期高等教育機関という教育段階別の特集も多いようである。もちろんこれらの特集には複合的要素が多いから、単純に政策のみということではないが、とくに近年の学生のニーズは学士課程に集中化するきらいがあり、その両端である大学院や短期高等教育機関のありようは、より真剣に論じられなければならないであろう。

以上のように取りまとめてみると、ＩＤＥ編集者の関心がやや薄いと思われるものもある。例えば大学教育と関係の深い科学技術、たとえば科学研究システムやイノベーションに関するテーマは、ここ10年間直接的には見当たらない。また学生に関するテーマもそれほど多くないというのが私の印象である。大学院など他のテーマの中に隠れているものもあろうが、大学の社会的存在意義がますます論じられる中で、かつては何度か論じられていたこれらのテーマについても、再び論じられることを期待したい。

（２０１６年11月14日）

1―3　年の初めに思うこと
～大学がその役割を果たすために

２０１７（平成29）年の新春を迎えた。とはいえ、大学関係者にとっては年度末の３カ月、何かと慌しい時期である。学生の卒論や修論・博論指導など在学生に対する面倒見だけではなく、大学入試もこれからが本番であり、気が抜けない毎日が続く。それでも年末から正月にかけての一週間あるいはそれ以上のまとまった日々を、皆さんはどのように過ごされたであろうか。普段とは異なる土地で過ごされた方、あるいは年末に紹介したような高等教育に関する本を中心に、読書三昧を楽しまれた方など色々であろう。仕事開始に当たって、大いにリフレッシュして新しい気分で望みたいものだ。

厳しい環境に置かれた中で

但し、大学界を覆う環境は日ごとに厳しさを増し、それはガバナンスの世界にも及んでいる。年末の12月18日、筑波大学の東京キャンパスで日本高等教育学会の研究交流集会があり、若手研究者の日頃の研究成果の一部を聴く機会があった。その交流集会のメインテーマは「高等教育の革新と組織・教職員」というもので、これをめぐって附置研究所の問題、大学の自治と学生参加に関する研究、日本における大学の統治と同僚制、研究アドミニストレーション専門職の成立と発展、現代アメリカの財政連邦主義と高等教育の財源探しという五つの研究が紹介された。私自身も、名古屋大学の斉藤芳子氏が発表した研究アドミニストレーション専門職（ＵＲＡ）に関する研究のコメンテーターを務めるなど、6月の日本高等教育学会大会以来、久しぶりの主体的参加で面白かった。

但し、何人かの参加者は、今の大学のガバナンスに学長のリーダーシップが求められているとはいえ、その現実はまるで政府方針を学内に伝達する「メッセンジャー」みたいなものだと発言し、参加者の多くはこれに同意の雰囲気であって、大学自治や財政の自主性など何処にありやという気分に襲われたことも正直な感想である。しかも今の高等教育研究そのものが、政府の政策の後追い的性格を強くしているという印象は否めず、もっともっと本質的で骨のある研究が数多く出現してほしいというのが、元学会長としての立場からは言いたい気持ちがある。

さて、今年4月以降、いくつかの新たな義務が大学に課される。その一つは、いわゆる「三つのポリシー」の公表義務化である。しかもそれは単に学生受け入れ、教育、学位授与の三つの方針を作文して公表するだけでは済まない。文部科学省の言い分では、これをPDCAサイクルとして回して評価・発展させる義務も付随することになる。なかなか念の入ったことと思うが、ことほど左様なほど、今の大学はあたかも指導要領を拠所に全国津々浦々の学校の教育課程が斉一化するかのごとく、政府方針に振り回されるようになっている。いわば大学の学校化しかもますます初・中等教育学校の置かれた状況に似てきているような気がしてならない。当初はこれに対する抵抗感も大きかったと推測するが、いまや大学の教学経営は文科省や中央教育審議会を中心に回るようになっていると聞くから、その変化の大きさは相当なものである。

実力勝負に備える必要が

義務化されるものには、ＳＤ（スタッフ・ディベロップメント）の義務化もある。これは大学がそのような機会を設けることを義務化するのであって、個々の教職員が研修に励まねばならないということではない。しかし、これまで熱心にＳＤ活動に励んできた一部の事務職員にとっては、とりあえずは朗報であろうかと思う。しかし、朗報であると同時に、文科省の通知によれば、この「職員」には役員や教員も含まれるそうであるから、教職協働の進む中、事務職員も大学運営に関して教員との実力競争が求められる場面に遭遇するであろう。今世紀に入ってこのかた、職員の立場の認知度すなわち地位の向上の面では大いに改善が進んできたと思うが、今後はその実力、すなわち力量が問われることになる。朗報と同時に厳しい時代の始まりと私が認識しているのはそのためである。

もちろん熱心な事務職員はこれまで以上に実力養成に励むことであろう。私が所属している桜美林大学の大学院・大学アドミニストレーション研究科では、役員など経営者や部局長など教員とともに、実力養成を目指す熱心な事務職員を積極的に受入れて、彼らのさまざまなニーズを満たすべく対応を進めている。私は、事務職員の一部にせよ彼らが中心となって大学の教学経営を立案し、サポートしていくことが重要だと考えているからである。このことについても、年末にある旧知の学長から話を聞くことができた。東京工業大学名誉教授・文化功労者で、豊田工業大学シカゴ校の学長をしている古井貞熙氏である。同氏は、米国の研究大学では教員に数倍する数の職員がいて、教員は教育・研究に専念し、職員が専門職として大学運営をサポートしていること、日本の大学職員も専門職として活動すべくそういう人材を養成する必要があると話す。私も細部はともかく総論においては同氏の考えに同意である。但し、職員数が教員数よりも少なく、かつ必ずしも専門性を身につける機会が多くない日本において、これを実現するにはまだまだ困難な課題を解決して行かねばならない。

社会の要求・大学の役割

さて、年末に新聞で大きく取り上げられたのは、昨年の出生数が明治期に統計を取り始めて初めて100万人を割ったとのニュースである。厚労省が2012年に公表した中位推計よりも若干遅めのようではあるが、やはりついにということになるだろう。18年後、この事実は大学入学者市場に大きなインパクトをもたらすことになる。日経新聞の記事によれば「少子化止まらず」とあるが、若者の仕事や生活環境が厳しくなる一方の中、さらに総活躍とまで言われるご時勢、果たして出生数の回復がこの先期待できるかどうかは甚だ心もとない。

一方、国は返す必要のない給付型の奨学金を制度化することになった。学生の奨学制度としては、授業料免除と並んで奨学金の給付はかなり有効であると思うが、月々2～4万円の給付で今の高くなった授業料をどの程度カバーできるかは未知数であろう。現に私自身の経験で恐縮だが、50年前、高校在学中に内定を受け、大学入学によって採用されることになった日本育英会（当時）の特別奨学生として、月々3千円の一般奨学金に加えて、返還不要の5千円の特別分が給付されたのを記憶している。当時は寮生活で月々2万円弱の生活費・授業料支払でやりくりしていた私には、ありがたい金額で大いに助かった。

いずれにせよ、学生受入れを巡る環境が大学側に厳しくなる中、大学に対する社会からの要求は大きくなる一方である。これが大学における職業教育のあり方、文系教育の有益性、大学のガバナンスなどさまざまな問題に波及している。かつては自治の府として社会の尊敬を集めていた大学も、今や社会の諸矛盾をしわ寄せする格好の攻撃対象になってしまったかの感がある。しかし、大学には企業や政府機関にない大きな役割があり、それは学問の自由に支えられた社会への知的貢献であると私は思うが、これは短期的な結果では判断すべきではない。また、企業や政府機関と同一の経営原理を適用すべきものでもない。それがいつの間にか企業経営の精神を入れよというふうに変わってきているのは、かなりの要注意である。このことが大学の自殺行為であったと後世の人々から言われないためにも、関係者は今一度、大学の真の役割が何であるか、深く考える必要があると思うゆえんである。

（２０１７年１月16日）

1―4　学年の始めにあたって～制度改正への対応の中で

教育の質的向上への努力

平成29（2017）年度が始まった。本来ならば春の陽気を受け心も浮き浮きとして、希望あふれる新年度でありたいものだ。しかし世界情勢も国内政局も、私が見る限り極めて不安定化しつつあり、うっかり気を許しているうちにとんでもない方向に持っていかれそうな雰囲気がある。そもそも社会のグローバル化というものの本質は、競争によって勝者がより多くを獲得し敗者はますます困窮するというところにあり、我が国の将来には厳しい格差社会が待っていると思わざるを得ない。大学についても同様であろう。大学という部署を守る我々にできることは、そのグローバル化の流れの中にあっても、自己の果たすべき責務をしっかりと認識することであり、自由な学問研究に支えられた教育・研究の価値というものを見失わないように努力することではあるまいか。

さて、大学界では今年度早速、さまざまな制度改正に対応する必要がある。一つは、教育の質的向上への努力である。いわゆる三つのポリシー（方針）の策定・公表の義務化が施行された。すなわち、①学位授与の方針、②教育課程編成・実施の方針、③入学者受け入れの方針を一貫性あるものとして策定し、これらを公表しなければならない。すでに多くの大学では前年度から準備をしていて、策定・公表自体は予定通り実行されているものと思われる。問題はそれらの方針と実態との乖離がないかどうかである。なぜならば、昨年度も4割を超える大学で定員割れの状況であり、そうなれば学生確保の現実問題とアドミッション（入学者受け入れ）方針との食い違いが生ずるかもしれないし、また無理して受入れた学生に対する教育内容・教育方法は、定めたはずの教育課程方針に合致するものかどうかにも不安が残る。学位授与方針に至ってはなおさらであり、定員管理の側面からも学生の就職事情からも、厳格な卒業認定は極めて困難であることは、これまでの経験から見て明らかであるからである。

次に来年度から認証評価制度の新たなサイクルが始まり、これに合わせて昨年3月には省令改正が行われており、各認証評価機関が定める大学評価基準には前述の三つの方針に関することや内部質保証に関することを定めなければならないこと、内部質保証に関することについては評価において重視すべき事項とすること、設置計画履行状況等調査における「警告」「是正意見」等への対応状況を把握することなどが規定されている。認証評価を受審する大学は、今年度から準備するであろう自己点険評価においても、これらのことを踏まえて準備を行わなければならなくなる。

企画立案と大学経営の連動を

二つ目には、大学職員の資質向上（ＳＤ）の義務化である。これについては私自身、この連載で幾度か触れたので、繰り返しは避けるが、大学職員には役員や教員も含まれることを考えれば、これを単に事務職員の能力向上方策とだけ考えるのではなく、管理運営面における、あるいは大学の経営戦略企画における役員・教員・職員の能力向上方策としてより広く捉えることが必要なのである。また、研修活動を活発にするだけではなく、資質に優れ能力を開発した職員については、それが活かせるような職場環境を整えることも重要になる。言いっぱなしでは済まされない、能力開発と企画立案そして大学経営との密接な連動が必要である。大学経営陣の責任はいよいよ重いということを自覚する必要がある。

三つ目には、国立大学法人の国際競争力と経営力の強化を目指した制度改正である。本年4月に施行された「指定国立大学法人」制度は、現在の国立大学法人のうち、教育研究上の実績、管理運営体制および財政基盤を総合的に勘案して「世界最高水準の教育研究活動の展開が相当程度見込まれるもの」を、文部科学大臣が指定するものである。指定国立法人については、研究成果の活用促進のための出資対象範囲の拡大や、役職員の報酬・給与等の基準の設定における国際的に卓越した人材確保の必要性が考慮されるなど、一般の国立大学法人にない特例が認められる。すでに申請手続は済み、これを踏まえた審査手続を経て今年度中に指定される見込みになっている。国立大学は、法人化以前においても事実上、その前身による取扱い上のさまざまな違いがあったが、新たな制度の中で、これが固定・拡大することになるのであろうか。

四つ目には、日本学生支援機構による奨学金の充実策として、今年度から給付型奨学金の支給が始まる。これは経済的理由により進学を断念せざるを得ない者の進学を後押しするという目的で、学力・資質など一定の要件を満たす者に対して、設置者別・通学形態別に応じて、月額2万円～4万円を支給するもので、本年度は先行実施分として私立・自宅外通学制と児童擁護施設退所者等約２８００人を対象に支給が行われる（予算15億円）。近年経済環境の変化の中、大学自身も、学生の教育機会保障そして学生数確保の観点から、自前の奨学制度を持つ学校が増えている。こういう流れの中での政策として歓迎されようが、今後必要とされる巨額の財源をどのように捻出するかは、政策当局にとっても大学にとっても大きな課題となるであろう。

成人学生にも大学教育機会を

五つ目には、専門職業大学である。本年３月に閣議決定された関係法案によれば、新たに創設される実践的な職業教育を行う新たな高等教育機関では、「深く専門の学芸を教授研究し、専門職を担うための実践的かつ応用的な能力を育成・展開することを目的」とした教育が行われる。教育課程は、社会のニーズに即応したものとし、前期・後期の課程区分や修業年限の通算など、社会人が学びやすい仕組みを構築することになっている。政府は、この専門職業大学制度を２０１９年から施行するとしている。注目点は、これが既存の大学とどのような位置関係に立つのか、というところではないかと思われるが、これはひとえに人々のこの制度に対する評価にかかっているので、その推移に注目する必要があろう。

ほかにもいろいろ注目しなければならない変化があるが、紙面の都合で今回は省略する。ただ、私が一つ注目しているのは、さまざまな改革によって社会人を含めて幅広い年齢層の人々が大学教育を受けることが期待されているにもかかわらず、新入生の若年化が進んでいるということである。**図表**の数値を見てほしい。四半世紀を経た大学改革が本格化した１９９０年代初頭に比べ、

図表　大学入学者に占める高校新卒者の割合(%)の推移

	総数	国立		公立		私立	
		男	女	男	女	男	女
1990	63.4	57.4	77.8	48.0	76.9	56.3	80.4
1995	64.3	63.2	75.5	55.1	76.3	57.5	79.2
2000	77.3	69.3	78.5	67.7	81.7	74.3	85.1
2005	78.6	68.7	77.4	69.7	83.0	76.7	85.3
2010	83.6	73.3	82.1	77.2	88.5	82.0	89.2
2014	83.9	69.7	80.3	76.4	88.3	82.6	90.4

（出典）学校基本調査にもとづく山本眞一作表
（注）2015年以降は、年齢別統計となり、この表の数値とは連続しないので省略。

今日、高校新卒すなわち現役進学者数の割合は、総数で20パーセント・ポイント上昇している。18歳人口減に起因する入試の容易化、現役受験者有利の入試の多様化、大学による入学者確保競争の激化などが原因と思われるが、関係者は成人学生の入学促進のための方策を、今一度しっかりと考える必要もあるのではなかろうか。

（２０１７年４月10日）

1―5　年の初めに考える〜大学教育の機能遷移

２０１８（平成30）年の新春を迎えた。期待と不安は、いつの新春も同じであろうが、今年はまた格別であろうかと思う。それは国際情勢が緊迫化し、我が国の経済にも不安と矛盾が増し、さらに18歳人口についても本格的減少に向かう年であるからかもしれない。大学界に身をおく皆さんも私同様の思いなのではないだろうか。

中教審の論点整理

年末、中央教育審議会将来構想部会の「今後の高等教育の将来像の提示に向けた論点整理（案）」（12月15日現在）を読んだ。同部会は、２０１７年5月以来12月末までに11回の会合を重ねてきたが、２０１８年秋に予定されている答申に向け「具体的な将来像とその実現のための制度改正のあり方について検討を続ける」としている。なお、第11回の会合は本稿の出稿後の12月26日に行われたので、ここではその結果のすべてを必ずしも反映していないことをお断りしておく。

その論点整理案によれば、まとめられたのは、①社会全体の構造の変化、②大学教育における人材育成、③高等教育機関の教育研究体制、④18歳人口の減少を踏まえた大学の規模や地域配置、⑤教育の質の保証と情報公開、および⑥今後の検討課題である。このうち、④を除く事項はいずれも高等教育機関のあり方の論議が中心であり、いずれ私も個別に議論をしたいと思うが、差し当たり多くの関係者の関心は、④の大学の規模や地域配置であろうから、まずはここを見ることとする。

論点整理案では、「将来像を描くに当たっては、現在の進学動向などを正確に把握するとともに、将来の進学動向の推計について具体的なかたちで「見える化」することと」が重要だとしている。実際、事務当局では「高等教育の将来像に関する都道府県別基礎データ」と名づけた精緻な資料を用意しており、その中では各県別に所在する大学、分野別の定員、大学進学者数、進学率、２０３３（平成45）年の大学進学者数や入学者数の推計など、膨大なデータを掲載している。これらのデータは、実証的な態度で将来規模を論ずる際の力となるに違いない。実際、文書中には新潟県の18大学で現在５８００人の入学定員があるが、平成45年の入学者数は約４５００人になると正直に書かれている。他県についても容易に過不足が分かるわけで、これによって関係者は全国規模の推計値のほか自県の推計値を読むことができ、より正確な経営判断につなげることができるかもしれない。但し、推計値には多くの仮定があり、それは大きく変化する可能性も大きい（『文部科学教育通信』（ジアース教育新社）第４１０号の拙稿参照）。

合併・撤退も視野に

大学の地域配置については、２０１７年6月に内閣官房に置かれた有識者会議の議に基づき「東京23区においては、大学の定員増は認めないことを原則とする」などの閣議決定があったことが紹介されており、しかしながら、これより以前に中教審においても議論を行って、大学の新増設の抑制は大学の自己変革を進める阻害要因になる、地方における若者の雇用創出がなければ、大学だけを規制しても効果はない、などの議論の結果をその有識者会議に提出した、との異例の表記がある。その背景にはさまざまな政治的要因があり、激しい綱引きがあったものと思われる。

但し、この論点整理は客観的と思われる数値を精緻に整備はしているが、将来の大学の規模を設定するには至っていない。これこそ高度な政治判断を要する事項であり、今後答申に向けてどのくらい踏み込めるのか、しかしそれが関係者の最も知りたいところであるので、今後の展開が注目される。なお、これに関して、経営悪化傾向にある学校法人に対し「他法人との合併や撤退を含む早期の適切な経営判断が行われるよう支援し、状況に応じてさらに踏み込んだ指導・助言が必要ではないか」としている点は重要である。なぜなら、将来規模の予測とそれに対応した大学のあり方は、合併や撤退によって減少する入学定員を前提としてこそ、現実的な議論ができるからである。

さて私は、近未来の高等教育とりわけ大学の姿を論じる際に、大学が提供する学問研究や教育が現実にどのような役割を果たしていて、今後それをどのような方向にもって行く、つまり遷移させるべきかを議論する必要があると考えている。図表をご覧いただきたい。この図表で横軸は「虚学」と「実学」の対比である。「虚学」というのは以前にも書いたことがあるが、抽象的あるいは基礎的な学問で、直接には社会に役立つことを意識しない学問である。文学や純粋理学がそれに当たるが、我が国では社会科学も多くは輸入学問であるから、これに当たると考えて差し支えないであろう。他方、実学には理工系だけではなく、国家資格に支えられた医学・医療系や免許制度のある教員養成などの分野が入ると考えていただきたい。縦軸は、その分野の教育が高度なものかそれ以外の一般的なものかということであるが、具体的には図表中に表記してあるように、専門、管理、事務、販売など大まかな職業分類によって示された卒業後の就職先とその後の見通しを意味するものとする。

役立つ教育への遷移

実学分野は、いずれも専門的な職業であろうが、それに要求される水準によって高度なものとそれ以外のものに別れ、虚学分野も同様とする。図表中にある●印は、現在250万人余りいる学部学生の大まかな数である。具体的な数字に基づくものであるが、細かいところまで表すものではないので、この四つの象限に位置する学生のおおよその数だとご理解いただきたい。

実学は、卒業後の具体的な職業に結びつきやすく、それゆえに役に立つ学問として歓迎されている。しかし、虚学はどうかというと、もともとこの種の抽象的・基礎的学問は、エリートのための教養とされてきたものである。したがって、将来社会をリードしていくような職業に就く者にとっては、彼らの資質を支えるために重要な学問と言えるだろう。しかし、一般的なレベルの虚学はいかがなものであろうか。私の見るところ、この第四象限にある虚学は、明治以来の人材選抜機関としての大学の歴史と欠点を引きずっており、大学入学への人々の旺盛な需要を背景としつつ、この分野の拡張がなさ

図表　大学教育の人材養成機能の現状と遷移の概念図

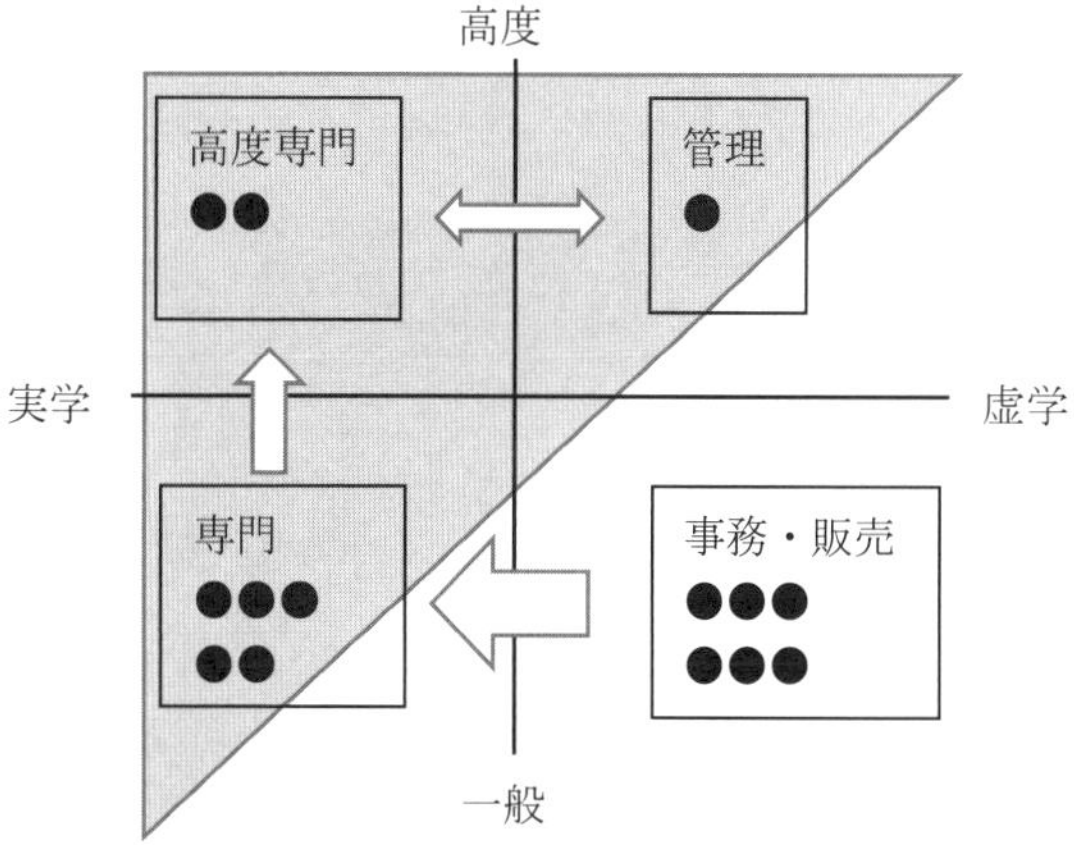

(出典)山本眞一作図
(注)●印は、学部学生の分布状況(2015)のおよその数を示す。
□内の用語は、期待されるキャリアを日本職業分類に基づき設定。

れてきたものである。大学の設立や維持にとって、虚学としての文系は確かに安上がりである。私立大学では過半数の学生がこの分野であるという事実はこのことを物語っている。

しかし、今や多くの大学において人材選抜機能は大きく損なわれている。それは定員割れ大学が増加したからであり、多種多様な学生確保方策が実行されているからでもある。そのような大学で虚学を教え続けることに、社会がどの程度寛容であるか、今後の見通しは極めて不透明ではないだろうか。つまるところ、これからの大学教育に期待されるのは、網掛けの三角形で囲った第一、第二、第三象限の教育であって、第四象限の教育は、これから大幅な模様替えをしなければならない。第四から第三象限への遷移である。このことが、関係者の間の不安材料の最たるものではないかと私は思い、かつ心配するのである。

（２０１８年１月15日）

1—6　公立大学の変貌～四半世紀の時を経て

相次ぐ公立大学化

日本経済新聞の教育記事にはいろいろあるが、とりわけ毎週月曜日の教育欄は、有識者によるまとまった論考が掲載され、しかも高等教育に関わるものが多いので、楽しみにしている。2018年3月5日の記事は、「私立大、公立化後の課題」というタイトルがつけられ、福知山公立大学長の井口和起氏が執筆したものであった。その記事中に近年私学から公立化した大学一覧が付けられていたが、2009年の高知工科大学を嚆矢とし、2018年の公立小松大学、諏訪東京理科大学に至るまで全部で10校を数える。ただし記事によれば、そのいずれもが、前身は公設民営または公私協力によって設置された私立大学であって、そうではない私学には公立化の例がないようである。定員割れが増えている地方の私学にとって、あるいは公立大学化は魅力ある選択肢のように見えるかもしれないが、これまでのところ、地方自治体が何らかのかたちで関わり誘致した大学が、その後の事情により公立化したものであって、その他の私立大学にとっては公立化の道は厳しいように見える。

確かに、公立化によって入学者の定員割れが解消し、かつ設置者である地方自治体からの財政支出によって経営も安定し、当該大学にとってはありがたいことであることは間違いないだろう。これは高校生の進学選択においてもプラスの効果を与えるだろうから、いわゆる良循環によって大学発展の起爆剤ともなるかもしれない。但し、自治体からの財政支出の財源の多くは、地方交付税の基準財政需要額への算入によって賄われていることを忘れてはならない。これまで大学の収入の多くが学生納付金であったのが、国民の税負担に置き換わるということである。ちなみに財政支出の根拠になる学生一人当たりに要する経費（単位費用）は、文科省の資料によれば、平成29年度については医学系の３８３９千円をトップに、理科系１６４７千円、人文科学系４４１千円などさまざまであるが、私学であれば授業料や国からの補助金等によって確保すべき金額の多くが、このように地方交付税によって充当されるようになっているようだ。したがって、公立化後の大学は納税者の理解や地域住民の支持を得てこその大学であり、井口学長が言うように住民参加型の大学、少なくとも教育研究を通じての地域へのサービスが欠かせなくなるであろう。

公立大学に対する距離感

ところで、従前、公立大学に対する我々の関心はそれほど高いものではなかったのではないだろうか。国立大学は国が設置する大学であり、人材養成や学術研究に大きな役割を果たし、法人化以前は文部省（当時）自身が全国事務局的役割を担う設置者行政の中に組み込まれていた。また、私立大学はその対極に置かれ、自主自律の精神のもとで維持・発展を図るべき存在であったが、学生の大半を引き受け多くの国民が利害を分かち合う存在であり、さまざまな局面で大きな関心を集め続けている。高等教育の無償化論議や18歳人口減対策は私立大学のあり方抜きには考えられない。その国立・私立の狭間に置かれた公立大学は当初学校数も少なく、１９９０年代に至るまでの間は30数校に留まっていた。また文部省から見ても、大学自体の自主自律と設置者である地方公共団体の地方自治の二つの壁に隔てられ、かなり遠い存在であったことは、私自身の若いときの経験からも言わざるを得ない。

これは初等中等教育行政が、教育委員会というフィルターを通して行う間接行政であるのとも違う。初等中等教育においては、地方分権とはいえ、学習指導要領や教員定数、給与の一部国庫負担などの統一基準を文部省が管理していて、文部省と学校との距離感は意外と近いような印象を私は持っていたが、他方、公立大学については、県の担当部署もその多くは教育庁（委員会）ではなく知事部局にある部課であって、国レベルでは自治省（当時）につながるラインの存在も、距離感を大きくする理由であったのであろう。実際、国立大学の法人化に歩調を合わせるかのように公立大学の法人化も制度化されたが、その準備のための委員会は当然総務省内に置かれ、私も委員の一人としてその議論に参画していたことを覚えている。

増えた看護系の学生

図表1をご覧いただくと分かるように、公立大学の数が急激に増え始めたのは90年代からである。そして法人化による統合によって数を減らした国立大学に対して、公立大学の数はこれを

図表1　大学数（左軸）・学生数（右軸）の年次別推移

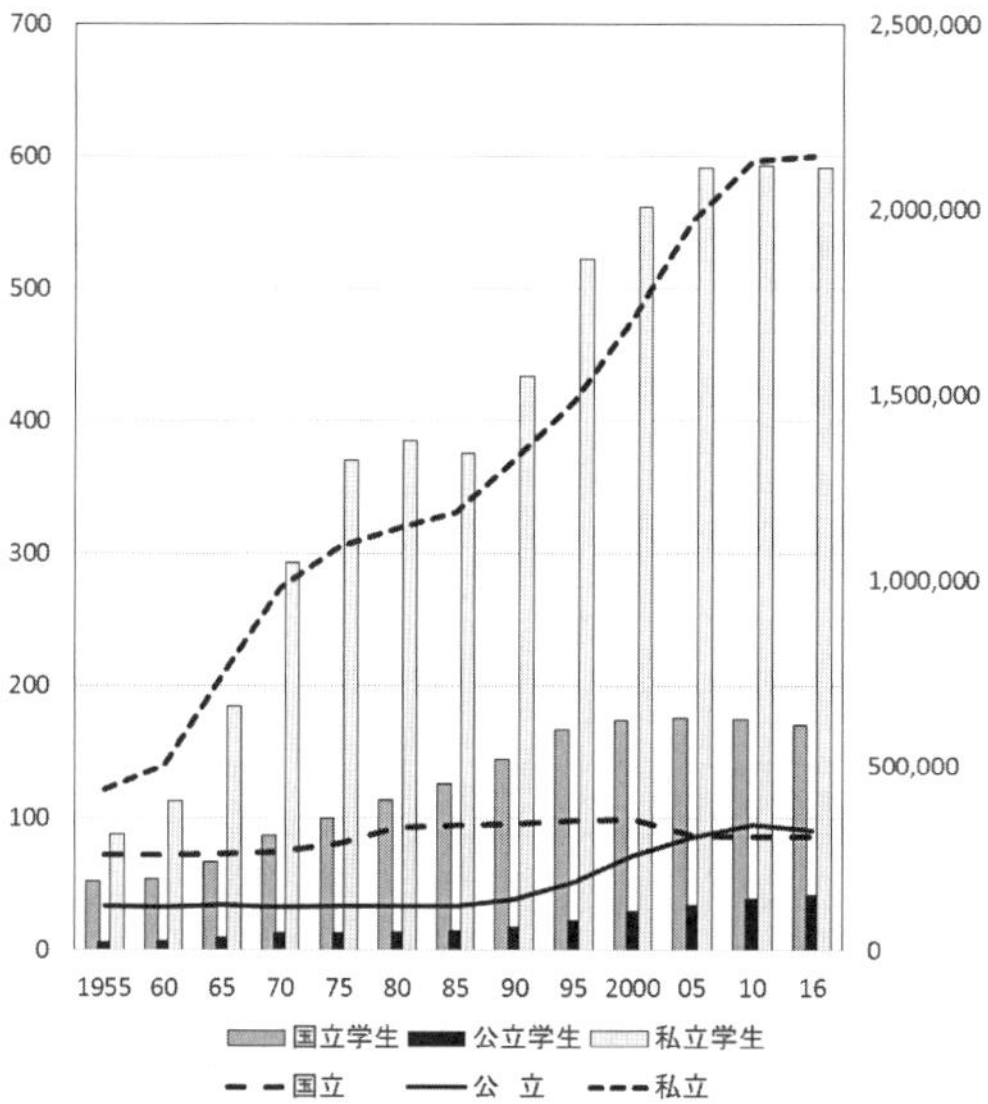

（出典）学校基本調査（大学院学生を含む数）

上回るようになっている。但し、近年設置の公立大学には小規模なものが多く、公立大学全体としても学生数は国立の４分の１ほどである。しかし、国立大学、私立大学とも学生数の伸びが頭打ちの昨今、公立大学の学生数は学校数の増加とともに増え続けていることが、図表からも明らかであろう。そこには増えるべき必然性があると考えてよいのではないだろうか。

図表2は、２０１６年度の設置者別大学の在学者（学部）の分野別内訳と、同じくそれの１９９１年度のものとを比べたものである。つまりこの四半世紀の間に何が変わったかを示そうという図表である。合計欄は在学者数の実数である。国立大学ではほぼ変わらず、私立大学では３割程度の増加であるのに対し、公立大学の在学者数は何と２倍を大きく超える増えようである。しかもその分野構成にも特徴が見られる。

図表２　大学の分野別学部学生数の状況（総計は人数、分野は構成比％）

	2016年			1991年		
	国立	公立	私立	国立	公立	私立
総　計	444,204	131,406	1,991,420	438,481	58,096	1,555,758
人　文	7.0	15.4	15.8	6.5	20.3	17.7
社　会	15.2	26.2	36.5	16.3	36.9	46.5
理　学	7.0	1.9	2.3	6.4	4.2	2.5
工　学	29.1	14.3	11.9	29.3	11.7	17.2
農　学	6.8	3.4	2.1	7.4	2.8	2.2
医歯学	7.4	4.3	1.6	7.1	8.3	2.1
その他保健	5.7	16.9	10.0	1.3	2.8	2.6
商　船	0.1	-	-	0.3	-	-
家　政	0.3	2.2	3.4	0.3	5.1	2.1
教　育	14.6	2.0	6.2	20.7	2.3	3.2
芸　術	0.7	4.6	3.0	0.6	4.2	2.9
その他	6.0	8.9	7.1	3.7	1.3	1.1

（出典）学校基本調査

国立が工学や教育などの実学系を中心に学生を集め、私立が人文・社会科学系で大きなシェアを持っているのに対し、公立大学では従来の人文・社会科学に多かった学生が、そのいずれもシェアを低下させ、代わりに看護学など保健系の分野の学生が大きく増えていることが見て取れる。公立大学においては、保健系はいまや人文を上回り、社会科学や工学に迫る数である。これはどういうことであろうか。

２０１７年5月に公立大学協会が出した「時代をLEADする公立大学」という報告書がある。公立大学の将来構想に向けての議論の方向性と可能性、という副題を持つこの冊子では、公立大学のこれからの機能をLink（地域の価値をつなげる）、Enhance（地域の財産を発展させる）、Assure（地域のいのちを守る）、Develop（地域の可能性を開発する）と四つに整理し、採るべき方策を提言している。その中で、「１９９２年度施行の『看護師等の人材養成確保の促進に関する法律』が地方公共団体に対し看護系大学・学部の設置を促し、現在までに全国ほとんどの都道府県に公立大学の看護系の課程が設置され」と述べているように、国の政策の強い後押しがあったことは間違いないであろう。これが私学における看護系課程の新設につながっていることも疑いの余地がない。

このほか、この冊子は公立大学の多様な側面を分析しているので、公立大学のこれからに興味ある方は一度通読されるとよいであろう。

（2018年3月26日）

1―7　学年の始めに考える～激動の6年に備えて

始まる18歳人口の急減

今年（２０１８年）の桜の開花は、例年よりも一週間以上早く、本連載が皆さんのところに届く頃には、東京などではすでに花が散ってしまっていることであろう。入学式ではなく卒業式の桜だと言う人もいるほど、季節の巡りが早い。それでも、関東から西の方では、桜花は年度の区切りを表す象徴的な意味合いがあるだろう。30数年前の臨時教育審議会で、マンネリ化の傾向にあった議論を活性化するために、突如として沸き起こった九月入学の話でも、桜の花のない新学年というものに反対する感情論があったことを覚えている。

いずれにしても時は着実に流れていく。今年もまた、例年のごとく入学式、授業開始、オープンキャンパス、高校訪問、就職支援、夏前の期末試験など、所定の学事日程にそって業務が進むことであろう。教員であれば、毎週の授業実施とその準備、月単位で開催される教授会その他の各種会議への出席もあろうし、春・秋の学会シーズンに合わせて研究発表の準備もある、また学生の卒業研究や院生の研究指導、夏季休業期間を使った海外調査など、とかく多忙感を増す用務が目白押しである。

ところで、読者の皆さんの大学では、今春の新入生確保が思いのほか好調であったところも多いことであろう。それは厳格化されていく大手私立大学の定員超過解消の政策とそれに対応する各大学の努力の結果、多数の受験生が下位校に流れて、その恩恵を受ける大学が多かったからであると言われている。実際、私学事業団が毎年夏に公表しているその年の大学入学志願動向を見ても、昨年については入学定員三千人以上の大学での入学定員超過率は６・04パーセント、千五百人以上三千人未満の大学では８・50パーセントであったから、仮にこれらの大学群で超過率を５パーセントに抑えるだけでも、計算上は六千人近くの学生が他の大学に流れていくことになる。

但し、恩恵を受けられる期間はそんなに長くはないであろう。**図表**ではこれから15年後の２０３３年までの18歳人口の推移を、２０１７年厚労省推計の数値で表したものである。２０１８年の18歳人口は２０１７年と同じ１２１万人とのことであるが、その後２０２３年にかけて大きく落ち込み、その５年間での減少幅は実に13万４千人に上り、仮にこのうち53パーセント（昨年の実測値）が大学を受験するとしても、５年後の現役受験生人口は、今より６万３千人減の56万９千人と推計されよう。これは２０１７年度の大学入学者数63万人に比べても無視し難い数字である。しかもこれがわずか６年後（２０２４年春の入学者）に訪れる現実なのである。進学率が飛躍的に上昇すればあるいはそのショックが軽減されるかもしれない。しかし、仮にそう

図表　18歳人口の見通し（千人）

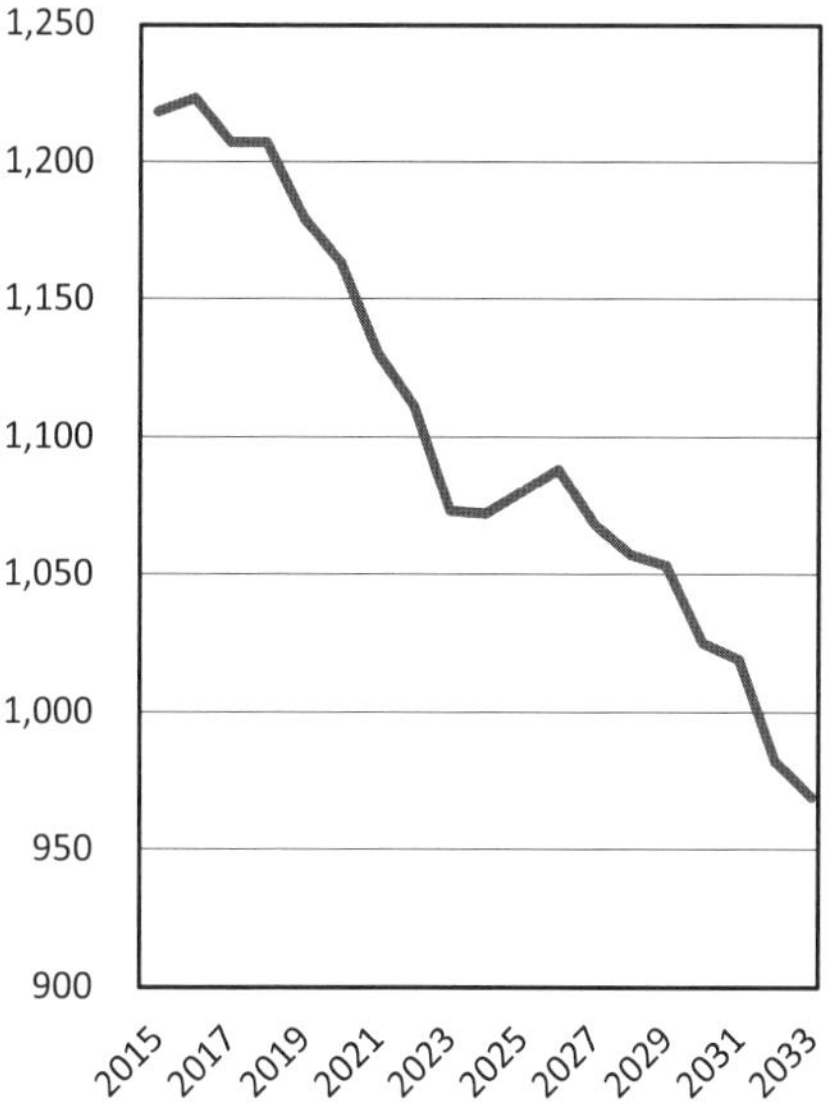

（出典）厚労省２０１７年将来人口推計

であったとしても、その多くはこれから設置が進むであろう専門職大学の方に引き寄せられていくのではあるまいか。

教育内容の洗い直しが急務

その専門職大学のことであるが、先月23日付けの『内外教育』（時事通信社）に興味深い記事があった。それによると、昨年11月に設置認可申請のあった16校（うち短大3校）は、すべて専門学校が母体になっているという。専門職大学は、東京都23区内での大学新増設の抑制規制からも当面は例外とされているようであるし、実務家教員を一定数確保する学校には高等教育費負担の軽減措置の対象になるとも言われているようだ。表向きには大学の機能分化と多様化であったはずの専門職大学制度は、実は専門学校の大学昇格が真の理由であった、というのでは大学界に更なる混乱の種を撒くだけではあるまいか。一部の大学関係者は、大学から専門職大学への移行は学校の降格であるというイメージを抱いているかもしれないが、逆方向から専門職大学への参入が続くようであれば、やがてはその経営戦略も再考せざるを得なくなる日も近いことであろう。

このことに関連して、私が第427号（2018年1月15日）の連載に書いた「役に立つ教育への遷移」に関する論稿を思い出していただきたい。今の大学生の約半数が学ぶ人文・社会科学系すなわち「文系」の卒業後の職業との関係での専門性のあり方は、今後ますます問われていくことになるだろう。受験生の不足を嘆く前に、自らが提供する教育内容や方法の抜本的見直しが、今後数年間という極めて短期間のうちに迫られているという厳しい現実を忘れてはならない。

もっとも、受験生人口が減るといっても、それに見合う入学者枠が縮小すれば、一応の形はつく。今、中教審で具体的にどのような議論が行われているのか、詳しくは承知しないが、最近、文部科学省は大学の統合を含めて、マーケットからの撤退を促すメッセージをしきりに発信していることは気がかりなことである。また、これは日々競争に晒されている私学経営者とりわけ定員割れも多いとされている中小私学の大きな関心事でもある。「生き残り」ということは、ただ単に自らの大学を存続させたいという単純なことがらに止まらず、他者よりも長く生き残ることによって、経営環境の回復を待つということなのではないかと私は思う。このことについては、さまざまな専門家が密かにシミュレーションをしているものと推測するが、やがてこれらは公開されるべき貴重な情報となることであろう。

内部質保証と法令順守

さて、今年度は２００４年度から始まった認証評価制度の第三サイクルが始まる年度でもある。大学基準協会はじめ各認証評価機関においては、最近とくに「内部質保証」を強調するようになっている。企業経営における「内部統制」に通じる発想と思うが、要するに自らの手によって教育やそれを支える経営の質を高めるべきという考え方である。これは大学の自主・自律の確保にとっても非常に重要な考え方である。とりわけ近年、三つのポリシーをはじめ、大学が対応しなければならない細かな法的規制事項が増えている。小泉内閣のときに始められた規制緩和の流れとは異なる傾向には、いささか違和感を覚えざるを得ないが、その規制とペナルティーが直結している昨今の状況下では、個々の大学としてはそれらの規制に従う、少なくとも対応せざるを得ないのが実情とみている。まして内部質保証と言いながら、片方で「法令順守」が認証評価の重要な評価基準になっている以上、無視するわけにもいかない。これらは個別大学の努力で済ませるのではなく、大学の重要な使命の遂行という観点から、大学団体や経済界の力によって、政策当局に対して過度の規制の回避と大学への財政支援の要求を強めるべきかと思うのだが、いかがなものであろうか。

以上述べたように、経営環境がますます悪化する中で、大学としてふさわしい実質をどう維持発展させていくべきかを念頭に、来るべき6年間の人口減少の急坂に耐え、厳しい現実に立ち向う準備をするのが、今年度の大学界に課せられた大きな課題であろう。終わりに私事で恐縮であるが、私の勤務校での大学院部長の職は3月末で任期満了となり、今月からは以前のように大学アドミニストレーション研究科の教授に戻った。また、来年3月には桜美林大学を定年退職する予定である。現役教授としての最後の一年を、高等教育システムの教育・研究の発展のために大いに活用したいので、読者の皆さんのご支援を望みたい。

（２０１８年4月9日）

1―8　年の初めに考える～大学の現状をどう見るか

想定を超えた改革の進行

２０１９年の新春を迎えた。平成最後の年である。平成元年の一月、私は米国に家族と共に居た。文部省とＮＳＦ（連邦科学助成局＝意訳）との人事交流プログラムの中で、私は前年の7月から首都ワシントンＤＣにあったＮＳＦに派遣され、米国の科学技術政策や学術研究システムについて調査を行っていたのである。あれから早や30年、この平成年間に高等教育を巡る状況はまさに様変わりの変化を遂げた。あの当時、我が国の大学にまさか天地が覆るような大改革が起こるなど、一体誰が想像したことであろうか。まさに想定外のオンパレードが現在の大学の姿である。

その変化の具体例を列挙してみよう。最も大きなことは、大学の教育研究活動が外部から評価されるようになったことである。このことは前々回の連載にも触れているので、繰り返しは避けたいが、かつては大学自治の根幹を成すと思われていた「外部から干渉を受けない」ことという大原則が、１９９１年の大学の自己点検・評価に始まり現在の認証評価に至る一連の改革（？）の中で、いとも簡単に破られることになった。認証評価で重視されている内部質保証は、僅かに残存する大学自治の砦かもしれないが、内部質保証が適切に行われているかどうかにも外部の目が注がれる点では同じであろう。また、２００４年の国公立大学の法人化も、監督官庁による中期目標・計画の評価とつながり、さらに多くの競争的資金の獲得も、申請時における大学改革の実行度、中間・終了時の実績評価などの結果が影響するようになった。実に多くの外部評価に大学は巻き込まれている。

もちろん、現時点での多くの関係者の感覚は、公的資金によって運営の多くを賄われている大学に評価は必要で、実施して何が悪い？　というものであろう。説明責任すなわちアカウンタビリティーはまさに錦の御旗である。だがしかし、評価の副作用は必ずしも小さくはないのだということを、関係者は心の片隅にでも銘記すべきではないだろうか。

ガバナンスも様変わり

第二に、大学のガバナンスすなわち管理運営制度にも大幅な変革が加えられた。２００４年の法人化法制の施行と２０１５年の学校教育法改正に伴う教授会の役割の縮小化がその代表格である。前者は、国と大学との関係を、司令塔と実行部隊に擬して大学運営の効率化を図るもので、政府の行財政改革（小さな政府）の一環として行われたものだ。大学関係者向けには、法人格が与えられた国立大学には自主性が増すと説明されていたが、事実は真逆であって、国による各種評価や認可権限の影響によって、国立大学は以前にも増して政府の政策に忠実でなければ、その発展は覚束ないという事態に陥っている。法人化開始直後に東大総長が「手足を縛って泳げと言うものだ」と批判的に述べたことが、未だ記憶に鮮明である。

後者は、従来大学の効率的運営にとって足かせだと批判があった教授会の機能を、細かく規定し直すことによって、結果としてその機能の弱体化をもたらしたものである。学校教育法に新たに書き直された教授会の役割は、第一に「学長が教育研究に関する重要な事項について決定を行うに当たり意見を述べること」であり、第二に「学長及び学部長等がつかさどる教育研究に関する事項について審議し、及び学長及び学部長等の求めに応じ、意見を述べることができること」である。注意深く読めば、従来の「重要事項の審議」とさほど異なるものでないような印象もあるが、別途文科省が進めている学長のリーダーシップの確立や経営協議会の学外委員の増員政策、さらに法人化による教育公務員特例法の不適用もボディーブローのように効いてきて、国立大学の管理運営はかつて批判の多かったワンマン私学の上意下達型経営に近い状況になってきているような気がしてならない。しかも私学の最高意思決定機関が理事長ではなく理事会にあるのに対し、国立大学では法人の長である学長ただ一人であって、役員会もこれを掣肘するものでないことが気がかりである。国～学長～部局・教授の関係が、国～県教委～学校～教員のような上下関係に近づくことが、大学の教育研究にどのような影響を及ぼすものか、しっかりとした見極めが必要な時期に来ているのではあるまいか。

型をはめられる教学運営

第三の例は、大学の教学運営にも細かな規制が増えてきていることである。1990年代から2000年代始めにかけて、「規制緩和」は国の大きな政策方針であったはずであり、基本的に今もそうであろう。しかし、大学の教務事項について、大学はいつの間にかさまざまな規則に取り囲まれていることに気がつく。学生受け入れ、教育内容・方法、学位授与方針についてのいわゆる「三つのポリシー」設定・公表の義務化もそうであるし、質保証から端を発した授業時間の確保も、大学だけの判断で決めることが年々難しくなっている。夏の暑い時期にも無理に授業を開講し、また月曜日の振替休日も講義日に設定するのも昨今の傾向である。教育の効率性よりも制度との整合性を重視するのは、官僚的体質の典型である。学問の府である大学の行うべきは、もっと別のところにあるのではあるまいか。

　第四に、昨今話題の「授業料の無償化」の問題である。総理の選挙公約から俄かに動き始めたこの政策は、しかしながら、どうやら学生の経済的負担の軽減よりも、大学に一定の型をはめることに重点があるように見える。実務家教員による授業科目が一定以上あることや、大学の外部理事を二人以上置くことが、無償化対象の大学となるための要件に決められるという。外部理事云々は論外としても、実務家教員による授業がどうして学生が進学すべき対象たる大学の要件になるのか、私には理解困難である。貧しい学生は実務でも学べというのは、あまりに酷い仕打ちではないのか。

　そもそも今大学として存在しているのは、設置時に手続を踏んで認可された学校である。その学校に制度上の優劣はない。また7年に一回は認証評価によってその質が担保されるはずであるし、さまざまな法令要件が大学の質を落とさぬように網をかけている。それを守らせるのは、別途文科省の責任である。無償化対象の大学としての要件は、大学に優劣をつける行為に等しいと思うのだが、果たして関係者はどう考えておられるのであろうか。もっとも、各大学は無償化対象の大学となるための要件をクリアするために、今現在、さまざまな努力を重ねつつあるという。政府によって型をはめられることの苦痛よりも、学生確保の方がより重要な経営戦略であるらしい。

何事も行き過ぎは禁物

　まだまだ列挙にいとまがないが、平成の最後の年となる今、大学は国や産業界その他各方面から押され続けている。このままの状態が続けば、多くの大学では大学としての特性がどんどん失われ、後に残るのは、定められた職業教育重視のカリキュラムを実施するだけの高等教育レベルの学校、ということになってしまうのではないか。その意味で、半世紀前に出た中教審答申でいう種別化は、かたちを変えてさらに進行するものと思われる。

かつて大学には学問をする喜びがあったはずである。これを一部のエリート学生や少数の教授たちの特権から解き放って、大学教育を大衆化に導けたことは、確かに我が国の高等教育政策としては優れた点があったはずである。しかしこの四半世紀、大学は効率化という外部要因に影響を受けて、一般社会のルールに否応なしに適応することが迫られ続けている。大学が社会の支持を受けつつこれと共存するには、ある程度の改革は必要であろう。しかし何事も行き過ぎは禁物である。そろそろ急激な改革に歯止めをかけて、良い意味でのバランスをとるべき時期に来ているのではないか。平成最後の年がそのきっかけとなれば幸いと思う次第である。

（2019年1月14日）

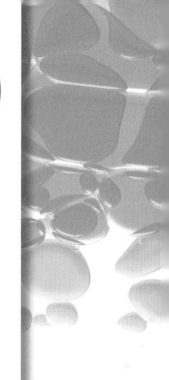

第2章

混迷する大学改革

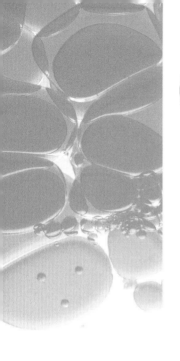

２―１　大学改革とは何か～対策ではなく広い視野を

大学改革のイメージは

激動の時代を理解するためのキーワードとして、大学を巡る諸環境の激変があるが、それと対をなすのは何といっても「大学改革」という言葉そのものであろう。諸環境の変化に合わせて大学を変えていかなければならない、それが大学の教育・研究を活性化させ、また大学と社会との新たな関係を構築することにより大きな社会貢献をするためだけではなく、大学という制度や個々の大学の生き残りのためにも必要だ、というのが昨今の大学改革を巡る多くの人々の共通する理解であるかもしれない。

しかし、大学改革ほど人々の間で異なるイメージを生んでいる言葉も珍しいのではないかと思うほど、さまざまな「大学改革」があるのも事実のようである。ちなみに朝日新聞社の「コトバンク」で大学改革の項目を見ると、「すべての国立大学は04年4月、国立大学法人に移行した。大学に裁量を与えて個性化を促すほか、教授会の合議中心だった大学運営をトップダウン型に切り替えて意思決定の速度を速めることなどが狙い。私立学校法も、○○大による寄付金の簿外処理問題などをきっかけに同年改正され、理事会などの管理運営制度を整備し財務情報の公開を義務づけた。」（○○は筆者である私による編集）とある。

確かに、近年の大学改革の動きを現象面から跡付ければ、国立大学の法人化、学校教育法等の改正による大学運営のトップダウン化促進、私立学校における管理運営制度の整備や情報公開は、ガバナンスという観点からは大きな改革であったであろう。ただ、大学改革はそれにとどまらず、教育や研究そのもののあり方にまで及ぶ広範囲の領域における諸改革が含まれるであろう。その意味で、我々にはより広い視野が必要なのである。

大学改革を少し歴史的に眺めてみよう。大学改革を広く大学制度やその運用の変革と捉えれば、明治期の帝国大学の設置や専門学校制度等の整備にまで遡ることができるだろうが、まず着目すべきは第二次世界大戦後の大改革であろう。この大改革は教育制度のすべてにわたるが、大学については学校教育法の制定にともない、昭和24（１９４９）年に施行された「新制大学」制度がこれに当たる。未だにこれを新制大学と呼ぶのは、50年前に生まれた高速鉄道を「新幹線」と呼ぶのに似て違和感がないわけではない。しかし、この新制大学に潜むさまざまな問題が、為政者の意識や社会環境の変化に伴い顕在化し、これをどのように解決するかということが今日に至る大学改革の大きな柱になっていることを考えれば、新制大学制度は未だに大学改革のための非常に大切な「原点」なのである。

新制大学は大学改革の原点

その新制大学の「原点」とは何か。第一に「大学としての一律平等的取扱い」である。学校教育法はすべての大学に共通の目的を与え、均しく教育・研究機関であると位置づけた。旧制度の高等教育機関が、大学、専門学校その他の諸種の異なる学校制度として運用されていたのを百八十度転換したものである。この考えは、近年の教育基本法の改正によって生まれた大学に関する規定にも引き継がれている。しかし、このことは新制大学発足間もない頃から問題になり始め、早くも昭和38（１９６３）

年の中教審答申「大学教育の改善について」において、「我が国の複雑な社会構造とこれを反映するさまざまな実情にじゅうぶんな考慮を払うことなく、歴史と伝統を持つ各種の高等教育機関を急速かつ一律に、同じ目的・性格を付与された新制大学に切り換えたことのために、多様な高等教育機関の使命と目的に対応しえない」という問題が指摘されたことからも分かる。

もっとも当時の大学界の雰囲気は、到底このような指摘を受入れるものではなく、続いて出された中教審46答申（１９７１）において提唱された多様化の考え方と合わせ、高等教育機関の「種別化」であるとして、大いに批判されたものである。しかし、その後、種別化は多様化、個性化としてむしろ各大学にとって望ましいものという受け取られ方に変わり、ついには国立大学の中でも「ミッションの再定義」に見られるごとく、少なくともやむを得ぬものとして受け取られるに至っている。

第二に、教授会を中心とする教授らの総意に基づく大学運営である。これには旧制度下とくに昭和戦前期において帝国大学においてすら大学の自治・学問の自由が大いに侵されたことの反省の下、国公立大学における教育公務員特例法の徹底した教授会中心の人事制度や、私立大学において徹底した政府の干渉排除の原理・原則が打ち立てられたことからも頷けよう。また、戦前は主に帝国大学のみの特権として考えられてきた大学自治が、学問の自由が憲法上保障されたことも相俟って、すべての大学にとって必要なものとみなされるようになったのも大きな変化であった。

自主性・自律性は法的に守るべき義務が

しかし、この大学運営の原理・原則は、学長・理事長と教授会との関係、国と大学との関係の二つの局面において、その後大きな巻き返しを受け続けることになる。このうち、前者については国公立大学の法人化に伴う教育公務員特例法の適用除外、学校教育法等の改正による教授会の権限の限定と学長のリーダーシップの増強によって、いわゆる大学運営の「改革」が進み、また国と大学との間にも、法令上文部科学大臣の指導監督権限が次第に強められ、また予算配分に競争原理が次第に導入され、各大学は自ら大学改革に協力的にならざるを得なくなるなど、両者の関係を根本から動かすような変化が起きてきている。但し、教育基本法では「大学については、自主性、自律性その他の大学における教育及び研究の特性が尊重されなければならない。」（第7条第2項）とあるので、これを守ることは政府の義務であることを忘れてはならない。

第三に、課程制大学院（修士・博士など）や一般教育制度の導入に見られる、米国生まれの新しい制度が新制大学に導入されたことである。但し、これらは我が国の高等教育の風土になかなか馴染まず、その修正や補正が大学改革の大きな柱になり続けてきた。どちらも建前としては誰も反対しづらいことであるが、現実の大学運営には合いがたいという実態があった。ただ、昭和50年頃からの度重なる制度改革の中で、大学院は人材養成目的の拡張や教育の実質化に向けての諸改革が進んできている。また一般教育制度は大学設置基準の弾力化の中で姿を消して、教養教育の重視というかたちに変わり、そして中教審の「学士力」の提唱に現れているように、今日の大学生に対する学士課程レベルの教育のあり方に、確固たる位置を占めるに至っている。さらにシラバス、ポートフォリオ、ＩＲ、ルーブリックなど外国生まれの改革概念が次々と導入されるに至って、その導入の適否はともかくとして、政府の大学教育改革施策の推進の中で、かたちの上では定着しつつある。但し、これが大学改革にどのような意義があるのかについては、今後の検証課題である。

いずれにせよ大学改革は、戦後生まれの新制大学制度が当初持っていた原点を修正するというかたちで推進され続けてきている。その後、１９９０年代以降の政治・社会・経済変化がこれを後押しして、今日の活発な改革の動きに結びついているのが現状である。その意味で我々には、改革を短期の対策として考えるのではなく、これまでの経緯の理解と長期の展望のもとに推進することが強く求められるのである。

（2015年6月8日）

2―2　大学教育改革にユニークさは求められるか
～AP事業を瞥見して

補助金による政策誘導

大学改革の動きが一段と活発になってきた。各種補助金による政策誘導装置が次々と生まれ、それらの内実はともかくも、大学もこれを利用して自らの大学の諸改革に乗り出している。その補助金の一つに平成26年度から始まった「大学教育再生加速プログラム」（ＡＰ）がある。この事業は「これまでのＧＰ事業等により実施された教育改革に関する実績を踏まえた上で、教育再生実行会議等で示された新たな方針に対して取り組む大学を支援することにより、改革を加速させる」（ＡＰ公募要領）ことが目的である。

具体的には、①アクティブ・ラーニング　②学修成果の可視化、③入試改革・高大接続を行う取組が重点的に支援され、これに平成27年度には④長期学外学修プログラム（ギャップイヤー）が加わった。これら①～④への取組に選定された大学に対しては、年間１８００万円～２８００万円（テーマによって異なる）が最大５年間にわたって交付される。各テーマに対する応募状況および選定状況は**図表**の通りである。なお、議論を単純化するために短期大学および高等専門学校は除いてある。

この結果をみると、公私立大学については、４校に１校程度の応募に留まったが、横並び意識の強い国立大学は６割を超える大学が応募したことが分かる。また選定率を計算すると、国立大学は26パーセントであるのに対し、公私立大学は19パーセントとやや低く、国立大学の選定率が高いことも特徴的である。国立大学は教員・スタッフの数が揃っており、企画や実施に際しては有利であると言われているし、また多くの競争的資金への応募経験が豊富であるので、書類作成技術に長けていることが推測される。但し、旧帝大の流れを汲む七つの国立大学は申請をしておらず、その多くはいわゆる地方国立大学であること、私立大学でも大手の申請は少なく、選定大学にはほとんど見られないなど、教育の向上を目的とするこのＡＰ事業が、研究体制の支援等をメインにした他のプログラムとは異なる役割分担があるように読める。

遠目にはよく似た取組が

それよりも印象的なのは、選定された案件のポンチ絵を見るにつけ、各大学の申請内容に驚くほどの共通性があることである。目標数値の書き込み、いわゆるＰＤＣＡサイクルへの予定行動の位置づけ、目標とする事項の視覚化など、それぞれの工夫は一見ユニークではあるが、それを遠目から見れば、どれもこれも何となく型にはまったもののように感じる。これは私の見方が浅いからであろうか？もちろん、私は審査員ではなく一介の大学教員であるから、目にすることが

図表　AP事業の申請・選定大学数（平成26～27年度）

テーマ	国　立	公　立	私　立	合　計
アクティブ・ラーニング	1（15）	1（10）	5（ 45）	7（ 70）
学修成果の可視化	1（ 5）	1（ 5）	4（ 24）	6（ 34）
上記二つの複合型	4（12）	1（ 4）	13（ 59）	18（ 75）
入試改革	2（ 3）	0（ 2）	1（ 2）	3（ 7）
高大接続	3（ 8）	1（ 4）	1（ 5）	5（ 17）
ギャップイヤー	3 {10}	1（ 2）	6（ 21）	10 { 33}
合　計	14（53）	5（27）	30（156）	49（236）

（出典）文科省公表データに基づく筆者の作表
（注）（　）内は申請校数である。

できるのは選定された取組のみであって、申請したが選定に至らなかった取組がどのような出来栄えであったのかを知る立場にない。もしかしたら、審査に当たったあたったプログラム委員長名の所見にあるように「事業の趣旨を理解していないと思われる取組が大変数多くみられたこと」が、選定案件とそれ以外を分ける判断の基になったのかもしれない。

しかし、選定案件ですら、いや選定案件であるからこそ型にはまるべき必然性があるようにも思える。その原因は、AP事業そのものにあると私は見ている。AP事業の公募要領には申請要件としておおよそ次のようなことが書かれている。

(1)アドミッション・ポリシーなど全学的な方針が、各学部の方針やカリキュラム編成等に反映されていること。

(2)全授業科目において授業計画（シラバス）が作成され、そこに科目の到達目標、授業形態、成績評価の方法・基準等が示されていること。

(3)キャップ制など、単位の過剰登録を防ぐための取組が行われていること。

(4)全専任教員を対象としたFDが実施され、そこに各年度4分の3以上が参加していること。

(5)GPA制度など客観的な評価基準を導入し個別の学修指導に活用していること。

(6)文科省通知に規定する大学入学者選抜（試験期日や募集人員の設定）に従っていること。

これらは、いずれも申請書類への詳記が求められており、曖昧な記述で済ますわけにはいかない。また、テーマ別の事業計画についても、文科省作成の文書にはその記入方法が例示されており、さらにAP審査要項では、例えばアクティブ・ラーニングについては、その効果や効率性、学生の主体的学び、より多くの教員の参加、教員への動機付け、学生の授業外学修時間の増加可能性など、審査の観点が事細かに規定され、かつこれらの観点は公表されているから、大学はそれに沿って申請書類を書いているうちに、おのずから「政府の方針」なるものを学習する効果がある。出てきた書類に個性を求める方が間違っていると言わざるを得ない。ユニークで優れた取組を評価しようとしたかつてのＧＰとは異なり、ＡＰでは政府の施策の方向性に沿ったものであるかどうかが評価されているのであるから。

大学単位の申請だけではなく

さて、このような事業の効果は果たしていかがなものであろうか。もちろん私はこれらの効果を否定するものではない。だがしかし、教育再生実行会議の方針のみが大学教育改革の方向であり、それを受け取る大学の方は「学長のリーダーシップ」の下に全学一斉に改革事業を実施するのが最良の選択なのであろうか。私は、ボトムアップ的に教育改善・改革を進める方法を併用しなければ、現場の教員や職員の士気が十分には上がらないのではないかと考えている。つまり教育活動にも、科研費のように個々の教員や個々のグループに資金を提供し、大学全体の方針とは独立に、創意工夫と実践力を競い合って、教育を良くする仕掛けを作ることが必要なのではあるまいか。私がかつて滞在した米国の全米科学財団（ＮＳＦ）には「教育・人的資源局」（ＨＥＲ）という部局があり、そこには「学士課程教育部」（ＤＵＥ）などの組織があって、科学教育の改善・改革に関する研究や実践に対する個別資金を研究者・研究グループに提供している。詳細を記述する余裕はないが、興味ある向きには、http://www.nsf.gov/div/index.jsp?div=DUE をご参照いただけばと考えている。

（２０１６年２月８日）

2―3　国に政策あれば大学に対策あり？
～大規模私学の入学定員増

地方創生と国の政策

最近、地方創生という言葉が盛んに語られるようになった。これは「第2次安倍政権で掲げられた、東京一極集中を是正し、地方の人口減少に歯止めをかけ、日本全体の活力を上げることを目的とした一連の政策」（Wikipedia）ということであるが、文教行政にもその影響が及んでいる。高等教育についても例外ではない。その意義は文部科学省によれば「地方大学を活性化することにより、若年人口の都市部への集中緩和や大学を核とした地域の活性化に寄与する」ことである。すでに平成25年度より「地（知）の拠点整備事業（大学ＣＯＣ事業）」を実施し、地域社会と連携した課題解決や人材育成を行う大学を支援し、また定員を超過する大学に対しては、定員増員の申請の制限や交付金の減額等の定員超過を抑制する仕組みを導入しているとある。また、国立大学改革プラン（平成25年11月）や私立大学に対しては平成25年度から、自治体、産業界等との連携の下、特色を発揮し、地域の発展を重層的に支える大学を重点支援しているとあり、これらも地方創生関連政策として位置づけられている。

このような諸施策は、過去の政権においても同種のものが何度か行われている。我々高等教育関係者にとって記憶に鮮明なのは、昭和50年代から十数年にわたって続いた大学の地方分散と都市部における大学等の新増設制限を企図し、工業（場）等制限法により強力に推進された高等教育計画であろう。その帰趨を知る者としては、大学の地方分散と振興は容易でないことが分かる。今回の政策も教育政策に限らず行政各分野の政策に及ぶもので、いわば総合的な地方振興政策として始められていることはよく理解できるものの、さまざまな思惑や利害が絡むことは世の常であるから、今後それがどの程度の成功を収めることができるのかは、大きな関心を持って見守らざるを得ない。

ただ、高等教育計画の時代とは異なり、今は高等教育全体の規模が縮小する時代である。とりわけ地方の大学は小規模校が多く、また定員割れに代表されるように学生数の不足に苦慮しているものが多い。このための対策としては、当然、当該大学がこれまで以上に改革・改善を進めて、学生の人気が高く、地元にも信頼される大学づくりを目指すことが必要である。また現に、これによってＶ字回復を遂げた大学もあることは、皆さんご存知のことであろう。しかし、個別の大学にとっての最適解は常に全体にとっても正しいとは限らない。受験生の数が十分にある間は、このような大学間の競争は有効であろうが、全体のパイが一定限度以下に縮小した場合には、いくら努力を重ねても体力勝負に負けた大学から退出していかざるを得ない。その結果が望ましいとは限らないことは、私自身も過去の論稿で何度も述べている通りである。

新たな定員管理政策

そのようなこともあってか、近年文部科学省では学生確保に関し、間接的ながらより強力な施策を始めようとしている。同省が平成27年６月に公表した文書「地方創生のための大都市圏への学生集中是正方策について」によれば、平成26年度には私立大学全体として全国で約４万５千人の入学定員超過が生じているところ、その８割（約３万６千人）が三大都市圏（埼玉、千葉、東京、神奈川、愛知、京都、大阪、兵庫の8都府県）に集中し、特に収容定員4千人以上の大・中規模大学において三大都市圏への集中が約9割（全国約3万1千人のうち三大都市圏に約2万7千人）と顕著であるとの指摘がある。

このため、同省ではこうした大都市圏への学生集中を是正するため、大都市圏の大学等における入学定員超過の適正化に向けた資源配分のあり方等を検討した結果、地方創生の観点も加味して、主として大・中規模の大学を対象に、その定員管理をより厳しくすることとなった。すなわち、入学定員充足率が一定の基準を超えた場合に私学助成を全額不交付とする基準を厳格化（入学定員8千人以上の大規模校は現行の1.2倍以上から1.1倍以上に、入学定員8千人未満・4千人以上の中規模校は現行の1.3倍以上から1.2倍以上に）を平成31年度までに段階的に実施するとともに、入学定員充足率が1.0倍を超える場合に超過入学者数に応じた学生経費相当額を減額する措置を平成31年度に導入することになったのである。なお、収容定員超過率の取扱いは現行のままとされているが、これは成績評価や学位授与の厳格化に伴い大学に滞留する学生数のことを配慮した結果であろう。ちなみに、厳格化開始年度の平成28年度では、これらの数値は大規模校で1.17倍以上、中規模校で1.27倍以上である。このようにして、大・中規模校における入学定員管理を厳格にすることにより、間接的ながら小規模校に受験生が流れるという目論見が窺える。

政策あれば対策も

しかし、ここに到って思わぬ伏兵が現れた。5月29日付け朝日新聞が報じるところによれば、平成29年度の私立大学入学定員増の申請は、全体で前年の2倍の7千人超となり、うち大規模大学は11大学３８６６人と前年の３倍に急増したとある。大規模大学に対する入学定員管理の厳格化が本格化する前に「駆け込み申請」した結果だと同紙は見ている。確かに、定員管理を見誤って規制の上限を超えれば補助金不交付という大きなペナルティーがかかるし、また安全を採って少なめに学生を受け入れれば入学金や授業料収入が大きく落ち込む結果となるだろう。入学定員1万人の大学を仮定すれば、これまで1万2千人まで許容されていたのが千人も入学者を減らさなければならない。授業料は分野によって異なるものの、仮に単純化して学生一人百万円としても、何と10億円もの減収となる。多くの大規模校では、これまで教職員に高給を支払い、これによって優秀な人材を確保してきたと思われるが、このことによって学生対策だけではなく、人事・労務対策にも影響が及ぶことになる。

しからば、入学定員そのものを大きくすればよい、と考えるのは当然のことである。もちろん入学定員を大きくすればそれに伴って必要教員数に影響が及ぶことも考えられる。しかし、小規模校で学生確保に四苦八苦している大学では、大学設置基準ぎりぎりの教員数で余裕に乏しいのに対し、大規模校ではさほどでもない場合も多かろう。古来、中国には「上に政策あれば下に対策あり」という諺があると聞く。まさに定員管理の厳格化という政策に対して、定員そのものを大きくするという対策があるわけである。今回の大学入学定員管理の厳格化は、定員増そのものを禁止しているわけではないから、準則主義で運用されている大学の認可行政に特段の変更がなければ、今後もこのような動きが出てくるのではないだろうか。

これに対して、教員一人あたりの学生数が増えて教育の質が落ち、学生にとっての利点が見当たらないという識者のコメントが朝日新聞のこの記事にあった。しかし、私は学生にとってもメリットがあり、志願者数の減少には影響しないと各大学が考えているからこそ定員増の申請に踏み切ったのではないかと見ている。また仮に多少教育の密度が下がったとしても、まだまだ大規模校のブランドには無視できない力がある。教育の質によって小規模かつ地方にある大学も勝負すべきというのは、確かに正論ではあるが、そのためには、受けた教育内容・レベルによって人材を評価するというカルチャーを定着させなければならない。困難な課題がまだまだ前途を遮っているのである。

（２０１６年６月13日）

２―４　大学改革はいつ終る？
～高等教育システムの構造変化の中で

前回、２０１６年６月に追手門学院大学で開催された日本高等教育学会大会のことを紹介した。その際、私が大会の別の自由研究発表部会で「大学改革の政策科学的考察(1)なぜ改革は始まり、なぜ終らないのか」と題する発表を行ったことを書いた。誌面の関係もあり、後日の連載で論じることにしたいと述べたが、前回に引き続くという意味で、私の発表について紹介をしておきたい。

私がこのテーマで課題を提起し、学会員諸氏と意見交換をしたいと思ったきっかけは、今次の大学改革が本格化した１９９０年代初頭以来、ほぼ四半世紀の間、改革が叫ばれる一方でその終息が見られない、ということに対する素朴な疑問からである。東京駅や新宿駅のような大きな駅では、いつも何がしかの工事が行われ、一向にその完成形が見られないのと同じで、大学改革後の整備された大学像というものが全く霧の先にあるような気がしてならないからでもある。大学は教育や研究を行い、それらを通じて社会に貢献することが目的かつ役割であるはずで、改革することが大学の目的ではない。ひょっとすると、大学改革を止めることができないというシステム上の不具合が生じているからではないか。それは一体何であろうか。それを究明することによって、現下の高等教育システムの構造を解明したい、それが私の問題意識なのである。今回の発表は問題提起のみであって、その構造の解明は次年度以降の発表とした。

変化する環境と大学改革の進行

いずれにしても大学とそれを取り巻く環境は大きく変わってきた。それが政府の大学改革政策の結果であれ、またさまざまな変化によって対応を余儀なくされてきた各大学の努力の証であれ、戦後改革から大学紛争期そして臨教審の時期にかけて大学界をリードしていたかつての重鎮たちがこれを見れば、腰を抜かさんばかりに驚くであろう変化が、平成期になって始まり拡大を遂げてきている。そして改革は終息しないばかりか、動きは指数関数的に拡大し、激しく大学を揺さぶり続けている。まさに激動の時代の高等教育と言わねばなるまい。

そもそもの始まりは、１９９０年代初頭の大学設置基準の大綱化・簡素化と大学の自己点検・評価システムの導入にあったと記憶している。これは大学が自主・自律の原則にのっとり、自らの手で教育・研究活動の活性化を図るためのものであった。しかし、その後大学教育の一層の普及や大学と社会との関係の緊密化に伴い、また東西冷戦終結やバブル経済崩壊による我が国社会の政治や経済面における構造変化によって、さらには18歳人口の急激な減少もあって、昨今は、その改革が大学の本質に関わる領域にまで踏み込んでの、いわば当初は想定もしなかったような次元にまで及ぶものが出てきている。

第一に、当初の大学改革は制度の整備を中心とした、いわば外枠に関する改革であったが、近頃は内枠である大学の諸活動とりわけ教育の内容や方法に踏み込むようになってきた。単位の実質化や入学・教育課程・学位のいわゆる三つのポリシーを大学が公表すべきこと、など大学の教育・研究活動そのものにも注文がつき、さらには大学の教育・研究の質の維持向上を目的に、種々の小道具的仕掛けが導入されてきたのは、多くの関係者にとって周知のことである。例えば、当初の自己点検・評価が、第三者評価になり、やがて２００４年度から実行に移された認証評価になったのもこの一環とも読める。また、学問よりも職業教育をという意見も、見方によっては大学教育に対する外部からの強い注文である。とりわけ、以前から批判の強かった文系分野の教育は、従来にも増して強い圧力にさらされつつある。大学が十分に対応しなければさらに強権をという声が上がるかも知れず、やがては「大学教育指導要領」のような機能を持つ大学設置基準の大幅改正につながるのではないかと、私はひそかに恐れている。

大学の機能・役割とガバナンス

第二に、大学のガバナンス改革が大きく動き出し、同僚的自治の象徴であった教授会の機能に枠がはめられる一方、学長のリーダーシップを大幅に促進し助ける政策が、学校教育法等の改正によって強められようとしている。これは歴史と伝統に支えられてきた大学のあり方に抜本的変更を加え、学長や理事などを経営陣に、教員や事務職員を従業員になぞらえつつ、企業と同様の原理で動かそうというものである。だが、さまざまな専門分野の教員すなわち自律性を有するプロフェッショナル集団から成る人的システムは、果たして企業のように動かせるものであろうか。非営利で公益性を有し、かつ組織の永続性を前提とする大学法制の中で、営利を目的とするような企業論理を取り入れることが果たして必要なことであろうか。そのひずみは随所で顕在化しつつある。

第三に、政府と大学との関係は、従来に増して前者が強く、後者が前者に従属するようなかたちに変化しつつある。国公立大学の法人化は、大学の自主・自律を助けるものとされていたはずであるが、実際には、政府が司令塔、大学が実行部隊という行財政改革本来の制度設計の通り、政府が打ち出すさまざまな施策に大学が振り回されるようなかたちで展開しつつある。社会主義国家でもないこの国でなぜこのようなことが起こるのか、私には理解ができないことも多いが、欧米とは違い、もともと政府の力が強い東アジア諸国の一国である我が国には馴染みやすいからであろう。しかし、大学が自由な立場で知識や技術を生み出すことが社会の厚生や発展に資するものであるという原理・原則に照らせば、これでよろしいのかという疑問が沸く。

大学改革は大局的視野を持ってこそ

このようにして、多くの大学には閉塞感が広がり、栄えているのはほんの一握りの大学であるという図式が出来上がりつつある。また国際比較をみても、我が国の大学の存在感は必ずしも伸張しているわけではない。職業教育を大幅に取り入れ、学生の就職に役立つ大学を作ろうとする動きは、もしかすると大学の種別化を促し、学問の府と言えるような大学はごく一部に限定し、残余の大学はいわば「職業訓練学校」として第二種の高等教育機関へと区分けされていく序奏なのであろうか。今後、18歳人口は一段と減少の度を強める中、将来の見極めを的確に行うことは非常に重要なことである。このためには、個々の改革案件のＰＤＣＡ的実行では決定的に不足する大局的な視野の形成が必要であり、改革目的と課題の明確化、実現するための複数の手段策定とその効果（アウトカム）の事前検討、実行手段の決定と実行、事後評価と実施の修正など、政策科学的手法の導入による大学改革の実行と終結が、各大学および政策当局に強く求められる。

大学改革の動きは依然として止まるところを知らない。今さら大学の自治でもあるまい、という世論も日増しに強くなっていることを感じるが、皆さんにはぜひ、教育基本法の規定を読み返してもらいたい。そこには改正前の同法にはなかった大学の条項が加えられている。大学の自主・自律やそこでの教育・研究の特性の尊重が規定されている教育基本法の遵守義務があるならば、まずこの基本的条項をいかにして守っていくかを考えなければならない。政治家や政策当局を含め、すべての大学関係者が１００年スパンで我が国の将来を考えるように願いたい。

以上が、私の学会発表の概要である。司会者からは、このテーマは極めて興味深いものだという積極的な評価をもらったことを付け加えておきたい。

（2016年7月25日）

2―5　大学改革への反省～大学はこれで大丈夫か

国立大学法人の国際的特異性

現在進行中の大学改革は、国立大学法人化や認証評価導入（2004）、中教審の将来像答申（2005）あたりから俄かにその速度を増し、2012年の現政権の発足によってますます加速が進む中、大学本来のあり方に照らしてさまざまな軋みを感じる状況にまでに立ち至っている。個別大学が置かれたそれぞれの事情は異なるから、今の大学改革によって大きな恩恵を受けている人々はそうは思わないかもしれないが、さほどのメリットを感じない多くの大学関係者にとっては、果たして大学の将来は大丈夫なのか、という疑問や不安が勝ってきているのではあるまいか。

そのような折に思い出すのは、高等教育研究者の金子元久氏が2003年の日本高等教育学会大会で発表した「国立大学法人のシミュレーション」である。同氏は国立大学法人構想の基本が「政府の補助とそれに対応する統制」がある一方で、「研究教育の水準高度化を達成するために大学の自律性を拡大し、大学の経営機能を強化」することにあるとして、両者の間に生じる不確定要因により、国立大学法人の将来について、三つのシナリオが考えられるとした。すなわち、①国立大学法人の制度的定着、②国家施設型の変形（国立大学の管理運営形態の原則継続）、③私学化の三つである。同氏が危惧していたかどうかは知らないが、現実にはこの三つのうち①のシナリオに近いかたちで進んでいるように、私には思える。それは金子氏の言葉を借りれば「一方で学長にきわめて大きな権限が集中し、他方で大学の組織全体が包括的に評価されて、それが政府補助金や、やがては大学の存在自体を決定する、という国際的にみてもきわめて特異な、新しいタイプの大学の設置形態」に変容してきたということだ。法人化は、大学改革と行政改革の二面性を持つことが当時から指摘されていたが、大学が法人化によってより良い環境下に置かれるという期待は、おそらくは裏切られつつあるのではないかと考えている。

大学自治が活力の源泉

このことは、文部省高等教育局長や文化庁長官を歴任した大﨑仁氏が、２０１６年に雑誌ＩＤＥのために8回に渡って連載執筆した「大学運営のメカニズム」を読むと一層鮮明になる。同氏は我が国の大学の運営上の問題を、主として制度面から論じている。例えば、大学の管理・運営が企業経営と異なるのは、大学には大学自治の尊重が必須条件となるからであること（２０１６年1月号）、欧米の大学法人に比べて「構成員の参加する合議制の意思決定機関を持たない日本の国立大学法人・公立大学法人の特異性がはっきりする」こと（２０１６年2―3月号）などを指摘している。さらに最終回では「国立大学法人の包括的項目別目標管理が、大学運営の細部規制の性格を強め、政府の審議機関や有識者会議の提言のあれこれが、個別に目標管理に直結して強制力を持つ傾向が強まっているように思える」として、政府の規制緩和と大学側の自己主張の必要性を述べ、「大学自治が息づいていなければ、国力の源泉である大学固有の機能を果たすことができない」と結んでいる（２０１６年10月号）。

さてこの夏、大学改革に関する2冊の本を読んだ。一つは山口裕之著『「大学改革」という病～学問の自由・財政基盤・競争主義から検証する』（明石書店）、いま一つは藤本夕衣・古川雄嗣・渡邉浩一編著『反「大学改革」論～若手からの問題提起』（ナカニシヤ出版）である。いずれも２０１７年６月から７月にかけて出版された新刊本である。日頃、余りにも政策後追い型研究論文や実務的大学改革論を読み過ぎのせいであろうか、この二冊の論調は大層新鮮で、私のみならず多くの大学関係者に、大学とは何か、大学の現状と将来は果たして大丈夫かという問題を考える縁《よすが》になるような気がした。

大学は他の社会制度と絡み合う

一冊目の山口氏の著作は、第一章で現状への批判の視点として、「ガバナンス強化か大学の自治か～トップダウン方式で評価出ず」、「大衆化した大学は『専門学校』になればいい！？」、「大学入試を変えるのは誰か～雇用形態の変化と職業教育の外注化」などの小見出しが登場する。著者の問題意識の背景には、法人化などこの十年ほどの大学改革は、これまでの大学のあり方を大きく変えてしまうものとなっている、という憂慮がある。また著者は、大学改革問題が単に政府と大学との鋭い対立に止まるのではなく、政府内にも政治家・財務省・文科省のそれぞれ利害の異なる人々が三つ巴の争いをしていると見ていて、大学が他の制度や機関と複雑に絡み合っている点に着目すべきだと主張する。それにもかかわらず「昨今の改革議論は、そうした全体像を見ずに、大学だけを取り出して操作しようとしているように見える」と批判を加えている。

この著作の良いところは、単に表面的な改革批判に終わるのではなく、大学の機能・役割について、多数の参照文献（和文１８８点、欧文27点）を元に、歴史的経緯を検討した上で書かれていることである。その意味で、研究者も実務家も、大学というものを深く考察するための基本文献の一つとして本書を利用することができるだろう。また、学問の自由とその盛衰を、中世大学に始まり近代ヨーロッパ国家の成長に伴う変化として捉え、かつ遅れて生まれたアメリカ型大学の特殊性にも言及している。さらにそのアメリカの大学から学ぶべき点とそうでない点を書き分けている点も評価できる。そのほか、入学試験、職業教育、教育における競争、研究における競争など興味ある論点を含む章が続き、「おわりに」において著者は「現在の日本では、大学改革と称して、大学の目標を政府が与え、大学はその実現に向けて計画を立てるという、歴史的に見ても世界的に見ても異様な大学の国家管理体制が作り上げられてしまった」、「大学は、企業の日本的経営や……社会保障体制とも絡み合って成立している。……問われているのは、日本社会全体のあり方なのである」として、我々の視野をもっと拡大すべきことを主張して結んでいる。

現在の改革への批判として

一方、二冊目の本は、高等教育の分野以外を含む若手教員13名による著作であり、大学のこれからをもっとも切実に受け止めている彼ら世代の大学教員・研究者が、分野の垣根を超えて、大学改革の現状と問題点をさまざまな観点から論じている。その基本的姿勢は、「あらゆる大学改革に全面的に反抗し、かつての古きよき大学を取り戻すべきである」と主張するのではなく、「１９９０年代以降急速に進められてきた『大学改革』を、まず批判的に検討」し、それを通じて「より望ましい大学改革の方向性を模索しよう」とすることだとする。

本書は執筆者の数と同じ13章に分かれており、取り上げられた論点は私自身の解釈も加えて表記すれば、ＰＤＣＡサイクル、産学連携、利益の供与による行政指導、哲学的大学論、教化の場としての大学、ポスト代表性の学生自治、居住の意向と大学生活、理工系大学院の価値、グローバル化時代の大学に求められる教養、専門教育の汎用性、ジェネラル・エデュケーションと学士課程教育、古典語教育、科学史教育、と多岐にわたる。中には、今の大学改革の熱心な推進論者があえて避けようとしている論点も含まれているので、読み手によっては違和感を覚える方もいるかもしれない。しかし、大学というものは、多種多様な要素を含む複合システムであるから、よりよい大学改革を目指すのであれば、これを避けて通ることはできないのではあるまいか。

このように、大学改革を一方的に礼賛することなく、かつ全ての大学改革にやみくもに反対することもなく、バランスある議論の中に正解を求めるようにしたいものである。（２０１７年９月11日）

2―6　平成の大学改革～IDE誌を参考に

30年間という期間

今の平成という年号で表される年月は来年の四月末日まで、すなわち平成は30年余りで幕を閉じることになる。もっとも技術的にはいろいろ課題があるようで、税金や社会保障などに関わる行政システムの一部について、政府はこの年号をしばらくは使い続けられるよう検討に入るらしい。私の運転免許証も平成34年某月某日まで有効と明記されているから、特段の手続なしで継続使用できるようにしてもらいたいものだ。

しかし制度的にはともかく、社会的にはこの平成の30年間というものは、すでに歴史的には十分に長いひとまとまりの期間として認識できるようになった。平成というものに込められた願いに反して、この30年間はまさに激動の時代である。成長と安定の中で繁栄を謳歌していたかのような印象があった昭和後期は、平成期を迎えるや否や大きく様変わりした。我が国社会に最も大きな影響を与えたものとして、東西冷戦の終結に伴う政治環境の激変、バブル経済の崩壊による経済・社会の変革、そして東京一極集中に伴う社会の歪みがあるのではないかと私は思う。これらの発生によって、日本社会は大きく揺れて、さらに長期的な人口減少によって、その将来に底知れない不安を抱えるようになってきている。

大学も大きく変化

このことは大学を含めた高等教育の世界についても例外ではない。政治環境の変化は、左右の政治勢力の安定的な対立関係の中で、大学界が拒み続けてきた大学改革という動きに火をつけることになった。それまで絶対無比、当然のことと受け止められていた学問の府としての大学の価値観、すなわち学問の自由や大学の自治も、社会との関係次第で支持されたり危機に瀕したりという状況に変わってきた。アカウンタビリティー（説明責任）がその媒介項である。法令や競争的資金による大学運営への政府の細かな関与は、その顕著な事例ということになるだろう。

バブル経済の崩壊は、産業構造・雇用構造の変革の中で、大学と企業との安定的な関係を壊した。日本的雇用慣行の中での正社員就職という、一種の理想的な卒業～就職環境はいまや一部の恵まれた学生だけの話となり、非正規で不安定かつ低収入の若者が増えている。若者だけではない。大学生を子にもつ親世代の経済状況も多様かつ不安定になり、授業料についても、奨学金という名のローンあるいは勉強時間を削って行うアルバイトによって賄わなければならない学生も多い。

人口減は、とりわけ18歳人口に過度に依存してきた大学の経営に大きな影響を与えている。平成期に入って間もなくの１９９２（平成４）年にピークを迎えた18歳人口は、その後急激に減少し、２０５万人から１２０万人に低下したのち、２０１０年代に入って安定期にあったが、これから再び減少期を迎え、２０３０年代半ばまでには１００万人を割り込むことになる。18歳人口に比べて過大と思われる入学定員を抱える我が国の大学にとって、経営上の困難はいよいよ増し、まさに大学淘汰の時代を迎えようとしている。かくして、限りない不安要因を抱えつつ、大学は平成という30年の時の流れを終えようとしている。ここに何らかの総括があってもよいと考えるのは当然のことであろう。

ＩＤＥ誌の特集を見る

このようなことを考えている中、『ＩＤＥ現代の高等教育』（ＩＤＥ大学協会）の最新版（２０１８年5月号）が手元に届いた。特集テーマは「平成の大学改革再考」とある。同誌刊行６００号を記念しての特集らしいが、まことに時宜を得たものである。また、内容的にも今の大学改革に対して相当批判的な記事もあり、大いに参考となるものである。とりわけ、山極壽一京都大学総長の執筆になる巻頭言は、大変読み応えのある記事である。「平成の大学改革を振り返る」と名付けられた巻頭言で、山極氏は「日本の大学は大きな閉塞感に覆われている」として、その理由をいろいろ挙げつつ、大学改革に関して「明らかに政策は失敗だった」と断言している。京都大学のトップという影響力ある立場の人がこう言うからには、大学関係者や政策担当者は謙虚に耳を傾け、平成期に起きたことをしっかりと反省しなければならないであろう。

続く「６００号記念座談会」は、元東大総長の佐々木毅、元日本学術振興会理事長の安西祐一郎、元文部事務次官の佐藤禎一、筑波大学特命教授の金子元久の各氏によって行われたものの収録であるが、司会を務めた元文化庁長官の大﨑仁氏が「戦後の大学・大学人を支えてきた大学の理念や目指すべき大学モデルというものが失われた感があります」、「問題なのは大学の自主性の劣化だと思います」など、現状を危惧する発言をしていることが印象的である。また、元岐阜大学学長の黒木登志夫氏が、政府と大学との関係を「法人化したのに、親離れできない大学、子離れできない文科省」と題して法人化以後の国立大学の諸問題を指摘している点も、大いに考えさせられる。

そのほか、天野郁夫、河田悌一、有馬朗人はじめ大学界の重鎮や政策担当者が、平成期に起きた大学のさまざまな局面を、それぞれの立場から論じているので、ぜひ参照されるとよい。また、この号では平成元年から現在までの、平成期のＩＤＥ誌の特集テーマ一覧が載っているので、これを見るだけでもこの30年間の大学を巡る諸環境やその中での大学の実態、政策の動きがよく分かる。参考資料として活用したいものである。

15年区切りの時代区分から

次に、平成期の大学や大学改革の動きについては、私自身、戦後の高等教育の時代区分というかたちでこの連載を含めさまざまな場で述べてきた。すなわち、高等教育を巡る状況は平成期に限らずおよそ15年を区切りとして大きな変化が見られること、その区分の根拠は進学率の変化と高等教育の重要施策によって特徴付けられることを指摘してきた。これによれば、１９４５～60年は「政治の時代」と呼ばれるべき戦後枠組みの構築期であり、学問の自由・大学の自治が最も尊重された時期である。また１９６０～75年は「経済の時代」で、高度経済成長の恩恵を受けつつ大学進学者数および進学率が大幅に伸びた時期である。何事も右肩上がりの現実に飲み込まれて「大学改革」とは最も縁が遠かった時代であるが、受験競争の激化や大衆化の歪みが問題視された時期でもあった。

その後、高等教育計画、新構想大学、私学助成などに象徴される「計画の時代」が１９７５～９０年と続き、やがて平成期に入る。１９９１（平成３）年の大学設置基準の弾力化は、現在に至る大学改革の出発点であり、18歳人口の減少にもかかわらず入学者数の増加が見られたため、進学率が再上昇し、同世代の半分以上が大学・短大に進学するという「ユニバーサル時代」に入ったと騒がれている。ただ現実は、ますます若い学生が大学に集っているだけなので、トロウの「万人のための大学」には程遠い実態であることには、十分留意が必要である。私はこの１９９０～２００５年の時期は、国公立大学の法人化、認証評価など今に大きな影響を与える各種の制度改革とそれらを総括する中教審の２００５年答申が行われた「制度改革の時代」と名づけている。またそれに続く今は、これからの激動期に備えて大学の教育・研究内容の充実を図るべき「体質変革の時代」である。キーワードは、質保証、グローバル化、多様化などであろう。但し、大﨑氏が指摘しているように、政府の大学運営への関与は、規制緩和の流れにもかかわらず増している。またこれに反発するよりも進んで適応して、国からより多く資源を獲得しようという動きが顕著である。多種多様になった大学には、これまでの大学観では判断しかねる現実もあるのは分かるのだが、これが行き過ぎて大学というシステム自体が破壊されないよう、ものごとの推移を見守りたい。平成期の大学改革の詳細な評価はこれからの課題ながら、とりあえずのまとめとしたい。

（２０１8年5月28日）

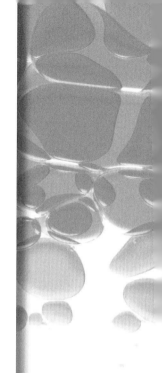

第3章

18歳人口と高等教育

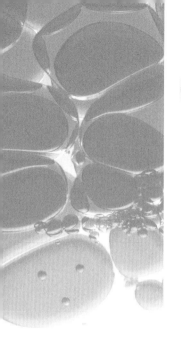

3―1　選抜機能と大学～18歳人口減少がもたらした課題

重要だった大学の人材選抜機能

大学の機能は、教育基本法や学校教育法の規定を見るまでもなく、新たな知識・技術を発見・創出すること（研究）、それらの蓄積の中から次世代に必要なことを伝えること（教育）、そして知識・技術を使って社会に役立てること（社会貢献）である。しかし、もう一つ大事な機能があって、これが我が国の大学の性格の多くを形作ってきた。それは言うまでもない、試験を通じた「人材選抜」機能である。とりわけ我が国では入学時の試験に、社会から多大の信頼が寄せられてきて、かつての高度経済成長時代やそれに引き続く数十年の間、いわゆる入試難易度すなわち偏差値ランキングは、高校生の大学選択や国の教育政策に大きな影響を与え続けてきた。大企業も、難易度の高い大学の卒業生ならば、基礎的能力ありとして大学の入試を信頼してきたので、有名大学卒業生は就職に際しても特別な取扱いを受けることが常であった。有名大学から大企業へという人生モデルは、多くの人々に支持されつつ、優秀な高校生を有名大学受験へと引き付ける役割を果たした。

かつて臨時教育審議会で、我が国での学歴偏重問題が論じられたとき、当時においても諸外国に比べて我が国の大学卒業生が経済的あるいは社会的に有利な取扱いを受ける度合いは必ずしも高くはない、というのが一応の結論ではあった。但し、特定の有名大学と大企業就職との結び付き、すなわち「指定校」制度の存在は問題であるとの認識はあった。このような就職時の学校格差が、我が国特有の学歴問題として論じられたことを思い出す。つまり高卒か大卒かという縦の学歴ではなく、有名大学か否かという横の学歴が問題視されたのである。この入学難易度による大学ランキングによって、一部有名大学にとどまらず、かなり裾野の低いところに位置する大学まで、入試偏差値によって仕分けをされて、高校の進学指導や受験生の大学選択に利用されていたことは、その当否はともかくとして、事実として認めざるを得ないであろう。

志願者数の変化と選抜機能の低下

ところが、皆さんもご存知の通り、大学の入学試験は近年極めて多様化してきている。従来の大学独自の学力試験による選抜のほか、推薦入試やセンター入試、ＡＯ入試などが、しかもそれが年に一回限りではなく多数回にわたり実施されてきている。それは、多様な学生を大学に受け入れるため、と言えば聞こえは良いが、実際には、定員割れもしくはその恐れの中で、少しでも多くの学生を集めなければならないという大学側の深刻な事情が背景にある。もはや相当多数の高校生は、いわゆる受験勉強を経験せずに大学に入る時代なのである。

新年度から『文部科学教育通信』（ジアース教育新社）の購読を始めたという方もいることを前提に、深刻な受験市場の数値を、私が以前に作った図表を元に説明してみよう。この図表は、平成5年から平成26年までの21年間の大学・短大志願者数を面グラフ、実際の入学者数を太い折線グラフ（いずれも左目盛）で、進学率や志願率などの指標を細い折線グラフ（いずれも右目盛）で表したものである。例えば、平成5年のデータを見ると、18歳人口（3年前の中卒者数）に対する大学・短大進学率は40・9パーセント、同志願率は46・4パーセント、高校現役志願率は52・4パーセントという指標が読み取れる。一方、実数では高校現役92万人、浪人29万人の合計１２１万人がこの年に大学・短大入学を志願し、実際に入学できた数は81万人であり、志願者３人中２人しか入学できないという極めて厳しい受験環境であったことが分かる。

志願者数は、18歳人口の減少に従い次第に減少傾向を示し、平成11（１９９９）年には始めて現役志願者数が入学者数を下回るようになり、平成15年以降は一貫して現役志願者数が入学者数を下回る状況が続いている。このようにしてマクロ的には大学・短大入学が容易化することによって、浪人志願者の数も減り、最新年の平成26（２０１４）年においては、現役志願者数63万人、浪人志願者数９万人の合計72万人の志願者に対して、入学者数は67万人となり、志願者数と入学者数との差はわずかに５万人である。平成５年におけるその差が40万人であったのに比べると、いかに事態が大激動の中にあるかがお分かりいただけるであろう。実際、67万人という入学者数は、大学側の厳しい選抜の結果というよりは、大学側が努力して集められる入学者数の上限値と考えられ

図表　大学・短大への志願者数・入学者数の推移

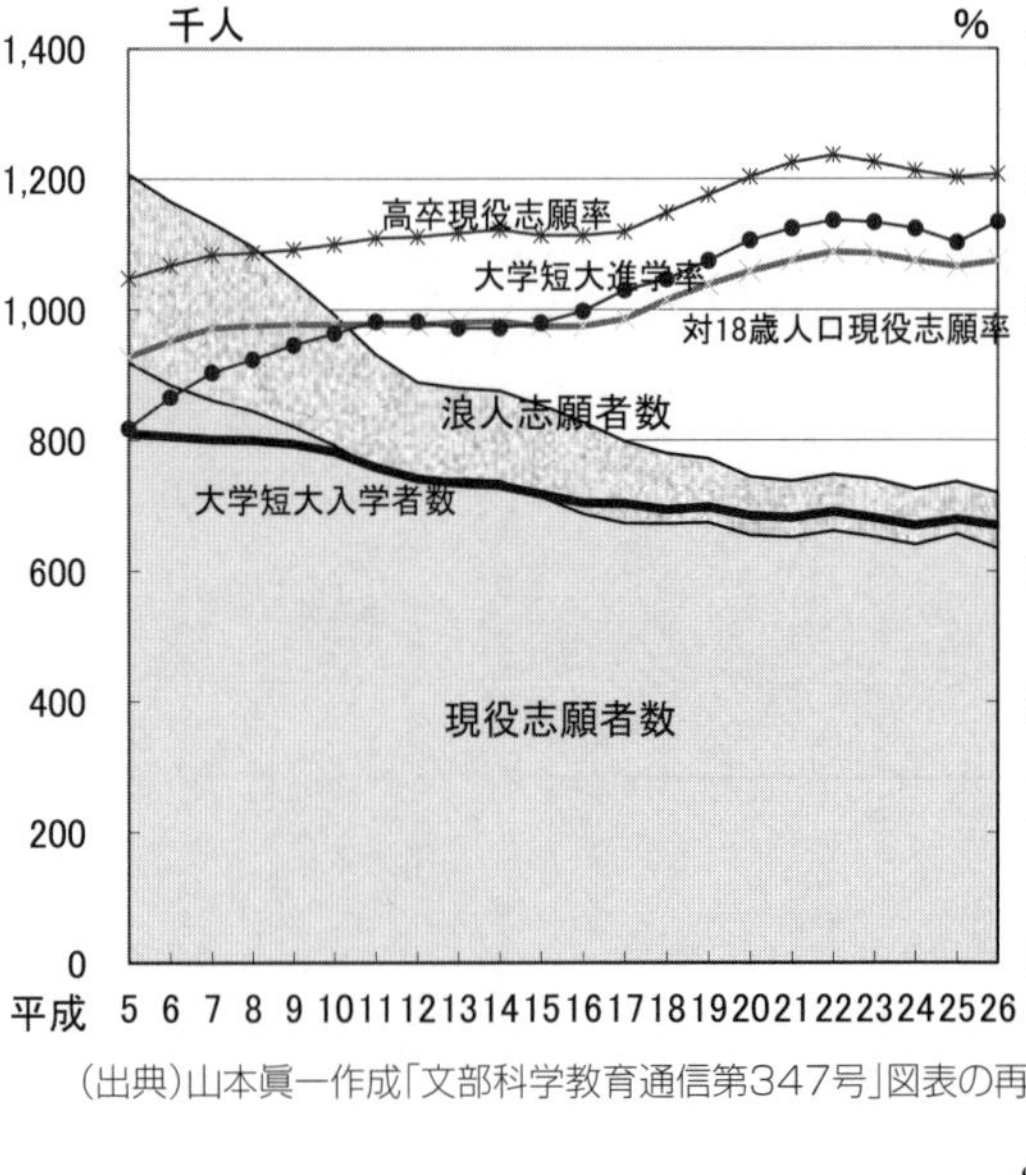

（出典）山本眞一作成「文部科学教育通信第347号」図表の再掲

ることから、私としてはこの数年は、マクロ的にみれば、事実上大学全入の状況にあると考えている。ちなみに、進学率は多少上昇傾向にあるようだが、18歳人口の減少を補うようなものではないことは、図表をご覧の通りである。その結果、私立大学の46パーセント、私立短大の65パーセントが昨年、定員割れの状況となった。

教育機能を高めるために

さて、このような激変は、新たな問題を引き起こしている。それは入試が容易化したことによって、選抜度の高くない高校においては、学校外での勉強をほとんどしない生徒が増え、ひいては高校生の学力低下を招いていること、またこのような生徒まで大学が受け入れることによって、学習習慣が身についていない大学生も増え、結局は大学生の学力低下もこのようなかたちで生み出されることである。その上、大学の学生獲得戦略として、入試科目数を極端に制限した結果、大学教育を受けるのに必要な分野の勉強が不足している学生も増えている。言わば二重の意味での学力低下が、大学教育現場の深刻な問題になっている。

入試の容易化は、これまで社会が信頼していた入学時の人材選抜機能を弱め、さらにはまったく無力化することにつながっている。そうなると、これからの大学は優れた教育によって、学生に学力を身につけさせ、また卒業後の仕事にとって必要な能力を養うことによって、その役割を果たさなければならない。つまり、選抜から教育へのシフトが必要なわけである。ところが、学生の学力低下は大学の教育機能そのものにも悪影響を及ぼしている。つまり、学力不足や学習習慣の欠如などにより、肝心の教育機能ですら十分に発揮できるような状況にない。アクティブ・ラーニングをはじめ、教育方法の新機軸が試みられてはいるものの、よほどの覚悟で教育改善に向かわない限り、その効果を期待することは難しい。とくに学生の半数を占める人文、社会科学においては、本誌第３５８号の連載記事で書いたように、専門教育と職業に必要な能力との一致が難しいことから、専門教育はもとより職業教育としての充実方策を探すことにも困難を伴う。

結局のところ、すべての大学生にとって有用なのは、専門や職業能力養成を視野に置きつつも、今日的な意味での新しい「教養教育」なのではないかと私は考える。それが経済産業省の言う「社会人基礎力」か、中教審の言う「学士力」なのかは別として、選抜機能を失いつつある大学教育に残された今後の可能性ではないのか。もっとも、大学院教育への期待は別であろう。このことについては、別稿で述べてみたい。

（２０１５年４月27日）

３—２　人口問題はなぜ重要か～日本型雇用と大学教育

18歳人口の悲観的将来

世に言う「２０１８年問題」が迫っている。ここ数年１２０万人前後で安定的に推移してきた18歳人口がこの年以降再び減少をはじめ、その後は先の見えない長期減少期に入って、学生納付金収入に大きく依存する我が国の大学経営に深刻な影響を与えるだろうという問題である。但し、２０１８年から直ちに経営環境が変化するのではなく、２０２０年代、30年代と長期的な時間の推移の中で、じわじわと、しかし着実に状況が悪化するのであり、同じ激動と言っても瞬間的なものではなく、すべてを巻き込む構造的な大変化なのである。

事態の経緯および将来を視覚的に理解するため、**図表**を用意した。18歳人口は第２次ベビーブームの影響を受けて、１９８０年代後半から増加し、１９９２年には２０５万人のピークに

図表　18歳人口と大学・短大入学者数（千人）

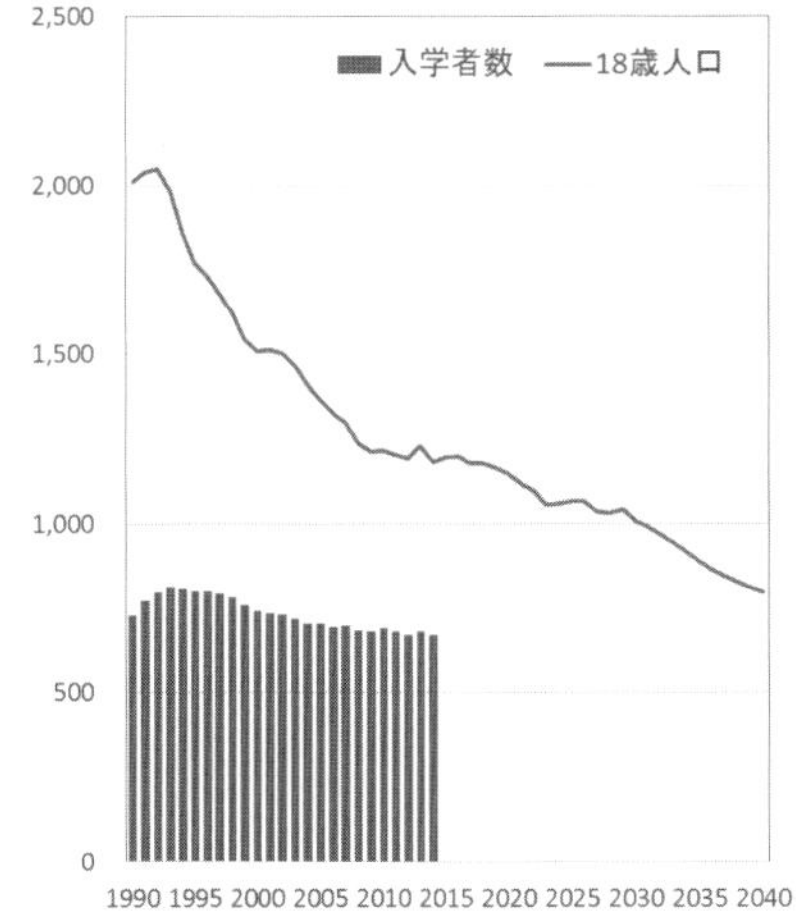

（出典）文科省、厚労省データに基づく山本眞一作図

達した。この年の大学・短大入学者数は80万人であった。その後、18歳人口は急激に減少をはじめ、およそ20年かけて２０１０年代前半にはピーク時の3分の2に当たる１２０万人まで減少、現在はほぼ横ばいで推移している。この間、入学者数は２００６年には70万人台を割るまでに減ったが、その後は各大学の必死の努力もあってか、さほどの減少はなく、２０１４年時点の数字で67万人である。

しかし２０１８年以降、18歳人口は再び減少期に入る。しかも今度は長期にわたって回復の見込みがない減少である。およその目安を厚労省の予測値に基づいて述べれば、２０３０年時点で１００万人、２０４０年時点で80万人である。現在辛うじて維持している67万人の入学者数も、さすがに今後は大きな影響を受けるであろうことは間違いない。２０４０年というのは今から高々四半世紀後のことである。現在40歳台前半よりも若い世代の大学関係者は、間違いなく現役時代にこの事実に直面することであろう。

これを受けて、文科省では大規模私立大学の定員管理を厳しくしたり、地方創生という安倍政権の施策に乗って地方の小規模私立大学に対する援助の手を創設したりで、ようやくこの問題に対する第一弾的政策を打ち出し始めている。また、国公立大学を含めて大学の規模のあるべき姿についても、本格的な検討が始まることであろう。しかし、問題は別のところにもある。それは、18歳人口に頼らない高等教育になぜできないのか、という素朴な疑問にどう答えるかということである。

なぜ18歳人口に頼るのか

これについて、素人による常識的な解答は、一つには社会人・成人学生を多く受け入れることであり、二つには留学生を多く受け入れることである。だが、事態はそれほど単純ではない。現在のところ、社会人・成人学生は、政府の生涯学習振興の掛け声にもかかわらず、著しく増加しているという話は聞かない。それどころか、数年前に文科省がＯＥＣＤデータにもとづきまとめた国際比較によれば、25歳を過ぎて大学に入学する学生の全体に対する割合は、ＯＥＣＤ加盟国平均で20パーセントであるのに対し、我が国のそれはわずか２パーセントであるとのことであった。また、学校基本調査からも、入学者の95パーセントが現役もしくは一浪入学者だという事実が見え、成人学生の少なさを暗示している。

一方、留学生についてはどうか。日本学生支援機構の調べによると、平成26年5月1日現在で、18万余の学生が在学しているが、近年伸びているのは日本語教育機関の学生であり、学部や大学院への留学生はやや減少傾向にある。学部在学者数は６万６千人で、１学年当たりは単純に４で割って１万６千人程度である。留学生の受け入れは、かつてのように国際貢献ばかりではなく、大学の重要な収入源になりつつあるとはいえ、受け入れに伴うさまざまな問題を解決しつつ、この数を伸ばしていくのは容易ではない。

さて、それではなぜ入学者の多くが18歳か19歳の若者なのであろうか。これに対する識者の見解はほぼ一致しているように思う。それは、大学卒業に伴う就職のシステムが、依然として若年時新卒一括定期採用へのこだわりを見せているからである。それどころか、長い職業人生において経済的安定を得るには、大企業の正規従業員として雇用されることが望まれており、一旦そのチャンスを逸すると雇用が不安定な非正規従業員あるいは中小企業への就職しか残されていないと人々が信じ、また実際にもそれに近い現実があるからであろう。したがって、学生は高卒後すぐに大学に入学し、卒業後は切れ目なく職を得ようとする。在学中、学業を犠牲にしてまでの長期にわたる「就活」はその象徴である。また、就職時の年齢や中途採用の壁は大きいらしく、したがって大学院進学という選択肢は、アカデミシャンあるいは高度な専門職としての確固たる人生設計があれば別であるが、普通に企業に就職しようとすれば、特に文系ではかなりのリスクを伴う。

事態の打開は産業界対策から

産業界の側からは、今の大学教育とくに文系の現状について、実務に役立たない、もっと実践的な内容の教育を施すべきであると、近年声高に叫ぶ者がいる。経営理論に代えて会計ソフトの使い方を教えよ、シェークスピア文学よりは地元の観光案内に役立つ英会話を学ぶべき、などというのはその典型であるが、これは高等学校と大学との区別さえも曖昧にし、むしろ大学には行くなと言わんばかりの主張であると、私には思える。しかも、大学教育をそのような実態に仕向けた責任の多くは、産業界の大学教育への姿勢そのものにある。つまり、産業界は実務に役立つ能力を有している人物を欲するのではなく、可塑性のある有能な人物それも25歳未満で就職経験のない新卒の若者を求めてきたからである。大学も学生もそれに順応することが一番だとして、上手に適応してきたことが、かえって現在のような事態を招いてしまったと言えるであろう。

実務に役立つ教育を大学に行わせるには、単純なことではあるが、学生の得た学位を産業界が大いに評価すればよい。そうすれば、米国では当たり前のことだが、成人学生の学位取得意欲を促し、成人学生が増え、そしてその学位は実力を示す証拠とみなされるから、大学もしっかりと学生を教育しなければならない、という良循環が生まれることであろう。そもそも、この循環のスタートを学生の学修時間の増加に求める発想が間違っているのだ。今のままだと、産業界から評価されない教育内容をこれまで以上にしっかりと、つまり15週・45時間にわたってみっちりと教え、学生はますます社会の実態を理解することなく大学を巣立っていく、という悪循環に陥らざるを得ないのである。

いずれにせよ、18歳人口に頼らない高等教育システムを作るのは急務である。そしてその鍵は、大学が出す学位の価値を産業界の側が、学生の年齢や就職経験に関わらず、もっと評価することにある。当然、政策当局のやるべき仕事は、大学に対して物申すことではなく、産業界に対して大いに物申して、また政治的な理解も得るようにして、事態の打開を図ることである。政策当局の一層の奮起を求めたい。

（２０１５年６月22日）

３—３　私立大学の今後
～検討会議における議論を眺めつつ思うこと

私学セクターが大きい我が国の制度

我が国の高等教育システムは、先進国には珍しく量的には私学優位である。大学数および在学者数で言えばおよそ４分の３は私立である。私立大学が教育や研究に大きな役割を果たしている米国においてさえ、学生数の６割を州立大学が引き受け、またヨーロッパ各国においては国公立大学の占める割合が極めて高いという現状を見るとき、我が国の特異な状況には注目せざるを得ない。私立大学のシェアの大きさは、高等教育システムの将来を考える際に私学を抜きには考えられないということを物語るとともに、そのあり方は、18歳人口減の中で厳しい経営を迫られている中、大学として必要な条件を維持していくという観点からも極めて重要なことである。

もっとも、私立大学のシェアは戦前から現在のような状況にあったのではない。図表１に示すとおり、明治政府は当初、高等教育とくに大学については、東京をはじめ各地に設置された帝国大学しかその存在を認めず、それ以外の高等教育機関は専門学校などの位置づけであり、しかもそれは官学に偏したものであった。私立の大学が制度的に認められるようになったのは、大正７年（１９１８年）の大学令の制定後であり、その後も在学生数に占める私学の割合はおよそ半分程度で推移していたこと、戦後も大学に関して言えば、私学のシェアは直ちに大きくはなかったことを、記憶にとどめておかねばならない。

私学セクターが大幅に伸びたのは、昭和30年代に入ってからである。当時の文部省は、国立大学の一県一大学原則を定めるなど、国立大学の規模については極めて抑制的な態度を取り、米国のような公的セクターの大幅な拡大は見られなかった。これに対して、国民の旺盛な進学需要を満たしたのは私学であった。この時期に私学のシェアは50パーセント台から70パーセント台に伸びたことが、何よりの証拠である。

私立大学等の振興に関する検討会議

私立大学の増設は、18歳人口の減少が始まった1990年代以降も続き、1990年代の初めまでに約400校を数えたものが、現在までにさらに200校余り増えて約600校にまでなった。ただ、近年の私立大学の増加は、短期大学からの改組であるものが多いこと、従来のような人文・社会科学系

図表1　わが国の大学在学者数および私学在学者数割合の推移

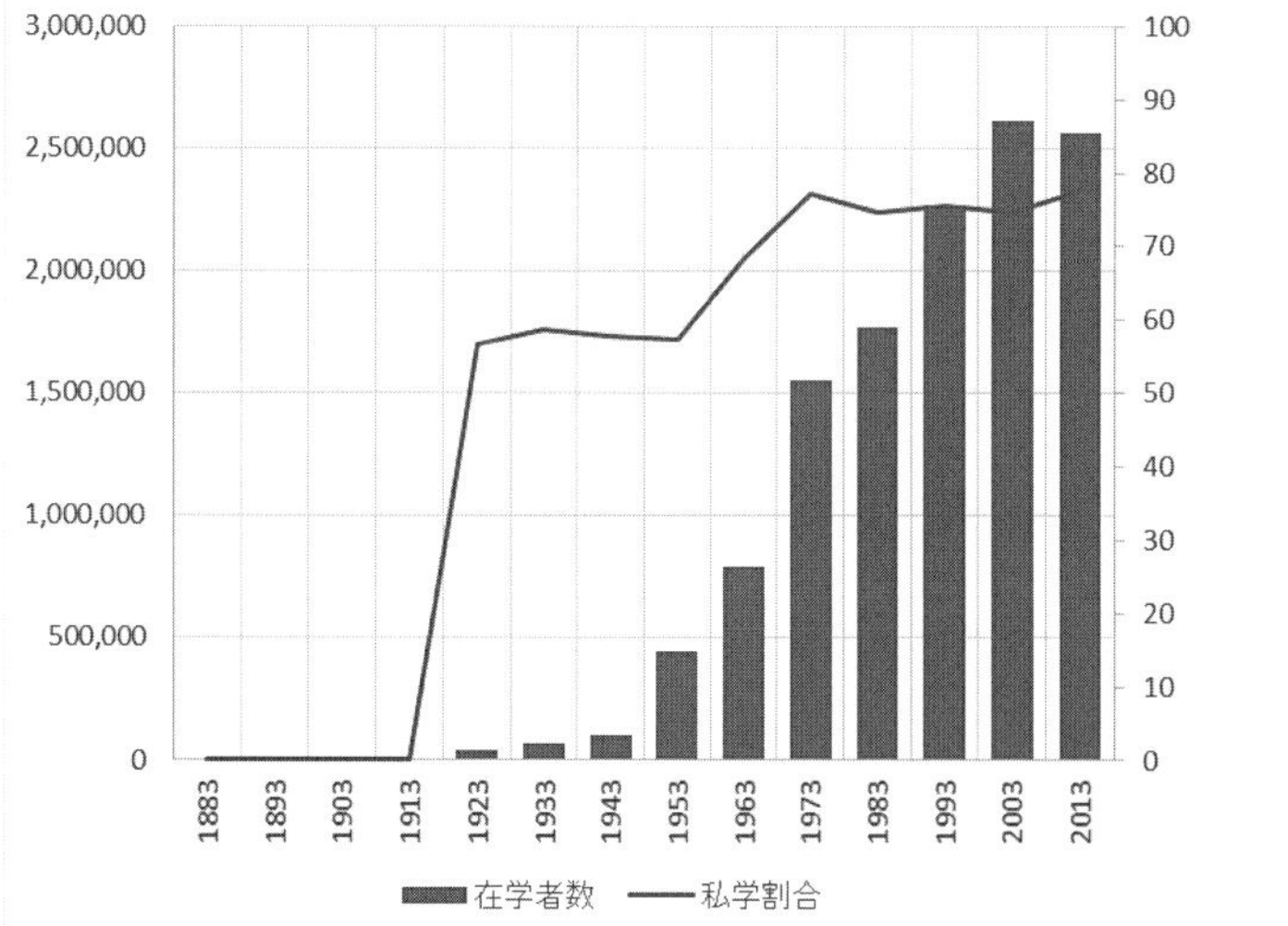

（出典）文部省「学制百年史」および学校基本調査に基づく山本眞一の作表

ではなく看護や教員養成、家政など実学・職業教育系の分野が多いことなどの特徴が見られる。人口減少期においても学生の入学が確実に見込まれる分野に集中することは、経営を何よりも重視しなければならない私学独自の事情が反映している。但し近年、私立大学の４割以上が定員割れであり、しかもそれは地方にある私立大学に多いことは、読者の皆さんもご承知の通りである。

そのような中、今春「私立大学等の振興に関する検討会議」が文部科学省高等教育局に設置された。座長は、金沢工業大学学園長・総長の黒田壽二氏であり、委員には皆さんもよくご存知の高等教育研究者も含まれている。その趣旨は、文科省によれば「全学生の約７割を抱える私立大学の教育等の一層の充実の必要性と同時に、18歳人口の減少等による経営困難校の顕在化や、一部私立大学等における管理運営上の不適切事例等、諸課題が指摘され（中略）これら私立大学等に係る諸課題も鑑みつつ、私立大学等の振興に関する総合的な検討を行うため」に開催するとある。またこのような検討会議が設けられるのは、私学振興助成法の制定時以来四十数年ぶりとのことである。

同会議は、８月末までに６回の会合を重ねている。公表された議事録や配付資料を見る限り、これまでは委員の中から毎回２名程度を選んで、それぞれの専門や関心事に沿ってプレゼンテーションを行い、質疑応答、意見交換をするという風に進んでいるようである。いずれ事務当局において課題を整理し、また年度末までには会議としての取りまとめをするとのことであるが、大学関係者の誰もが知りたいことは、これからの私立大学をどうもっていくのかという点であろう。また、６００校に膨れ上がった私立大学がこのまま存続できるのか、少なからぬ数の大学は整理やむなしの状況に追い込まれるのかについても、大学関係者は固唾を呑んで見守っていることであろう。私立大学の全体規模の問題は、個々の大学の生死に関わるものであり、利害関係の錯綜の中で本丸に迫るのは難しいであろうが、やがて触れざるを得ない問題だと思う。

縮小均衡か種別分離か

いずれにしても、次のような問題にこの会議がどのような見解を示すかどうか、私自身としては大いに関心がある。

(1)私立大学の全体規模は適正であるのか、あるいは過小・過大であるのか。

(2)仮に過大であるとすれば、適正規模はどのようなものか。適正規模に持っていく手段は、適者生存の厳しい競争によるものか、政策当局の調整（国公立大学も含む）によって実行されるのか、あるいは大学の種別化（専門職業大学化を含む）によってなされるのか。

(3)適正であるとすれば、これを維持していくためにどのような政策手段が有効であるのか。

これらを考える際に、私自身は**図表２**のような枠組みを想定している。大学の教育機能の基本は、伝統的大学観に従えば、教養教育と専門教育の組み合せである。その大学観の外側に実際の職業に役立つ（であろう）職業教育があり、こちらはとくに欧州では、大学とは別種の高等教育機

図表２　大学の機能別分化の進展（概念図）

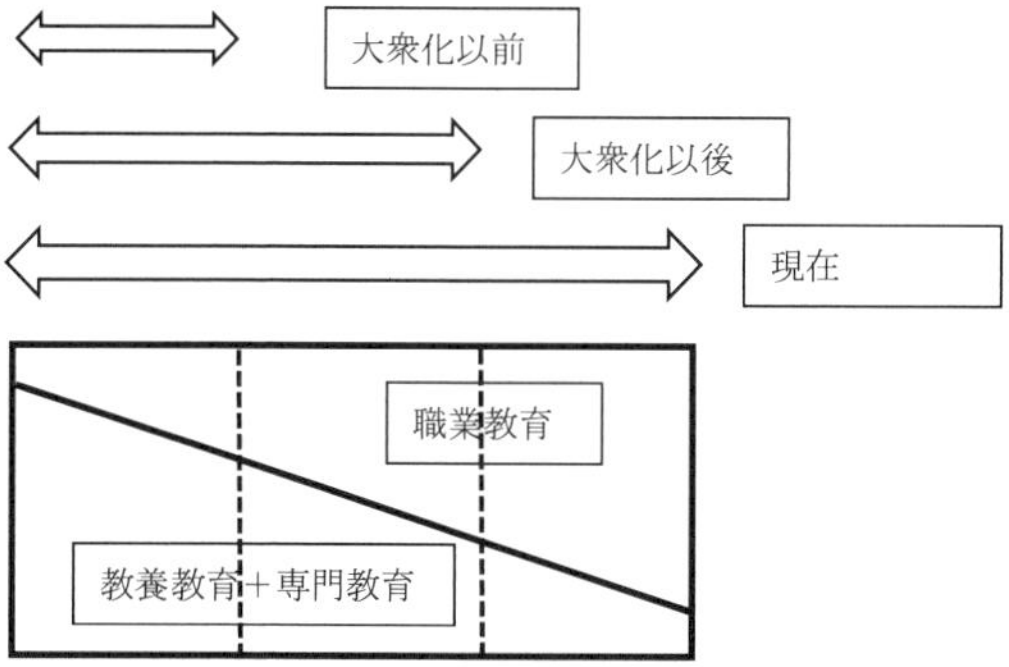

（出典）山本眞一の作図眞一の作表

関とされてきた。しかし米国や日本のように遅れて高等教育を発展させた国では、職業教育の取り込みには、大きな抵抗はなかったようだ。大学教育の大衆化に従い、この職業教育の要素が大きくなり、また近年のような社会変化もあって、今や大学教育の中で大きな位置を占めるに至っている。但し、大学には暗黙のうちに序列があるのは避けられず、上位の大学は職業教育の割合は小さく、新興大学ほどその割合が大きいことが知られている。

問題は、今後私立大学の縮小均衡が必要になったとき、全体を小さくするか、あるいは職業教育主体の大学を別種の高等教育機関として育てるかなど、異なる手段が考えられる。現状は、職業教育の部分が大きいにもかかわらず、理念としての大学観も依然として健在であるので、両者の矛盾が増大しており、このままでは共倒れになるのではないかと、私は恐れている。解決のための決断が迫られようとしている中、検討会議においても大いに議論を期待したいところである。

（2016年9月12日）

3―4　18歳人口の動向～地域別に異なる事情

間もなくの人口再減少

この連載記事が刊行されるのは連休直前、皆さんの大学でも新年度のスタートもすっかり軌道に乗っているに違いない。3月下旬の異例の寒さによって開花が遅れていた桜も、東京では4月中旬までには満開を過ぎ、桜前線は北上を続けていることであろう。入学式、オリエンテーション、授業開始と日程が混み合う中、忙しい方々も多かろうと推察するが、年度末ぎりぎりまで学生確保に努められた入試関係者にとって、4月は暫しのほっとする時季なのかもしれない。3年前の中学校卒業者数から推計される18歳人口は、昨年3月の118万5千人から、今年3月は約8千人増えて119万3千人であり、仮にその半分が大学を志願するとして、全国で4千人もの大学受験者が増えた計算になるからである。

しかし、間もなく「2018年問題」とも呼ばれる18歳人口減の大波がやってくる。厚生労働省が2012年に公表した現時点での推計値（出生率および死亡率のいずれも中位推計）によると、2019年の118万1千人から4年後の2023年には一気に12万5千人も減って、105万8千人になるという。もっとも学校基本調査に基づく小学校・中学校の学年別在学者数および中学校卒業者数の動向を勘案すると、**図表1**に示すとおり、実際にはやや緩やかに減少し、2023年度における その数は109万7千人と見込まれる。但し、厚労省の推計値が暦年であるのに対し、学校基本調査は年度であり、かつ死亡者数を織り込んでいないことに留意する必要がある。ただ、その翌年の２０２４年には学校基本調査の値によっても１０６万１千人まで減少する見通しであり、２０１７年度からみて13万２千人、志願者数で言えば６万６千人の減少を見込んでおく必要がある。その後は２０２８年度まで、18歳人口は現在と同様、一時的に安定し、さらにその後、２０４０年代の18歳人口80万人に向かって大きく減少するものと考えられる。

考えうる対策は

18歳人口を短期的に制御することは、すでに出生済みの人口であることもあり、大変難しい。したがって、大学経営や高等教育政策に当たるものは、これを所与の要件として対応をとるしかあるまい。考えられるマクロレベルでの対策は、第一に大手私学の入学定員厳守のルールの徹底である。厳しいペナルティを伴うこの政策は、多くの関係者の不満と期待

図表１　当面の18歳人口の推移見通し（千人）

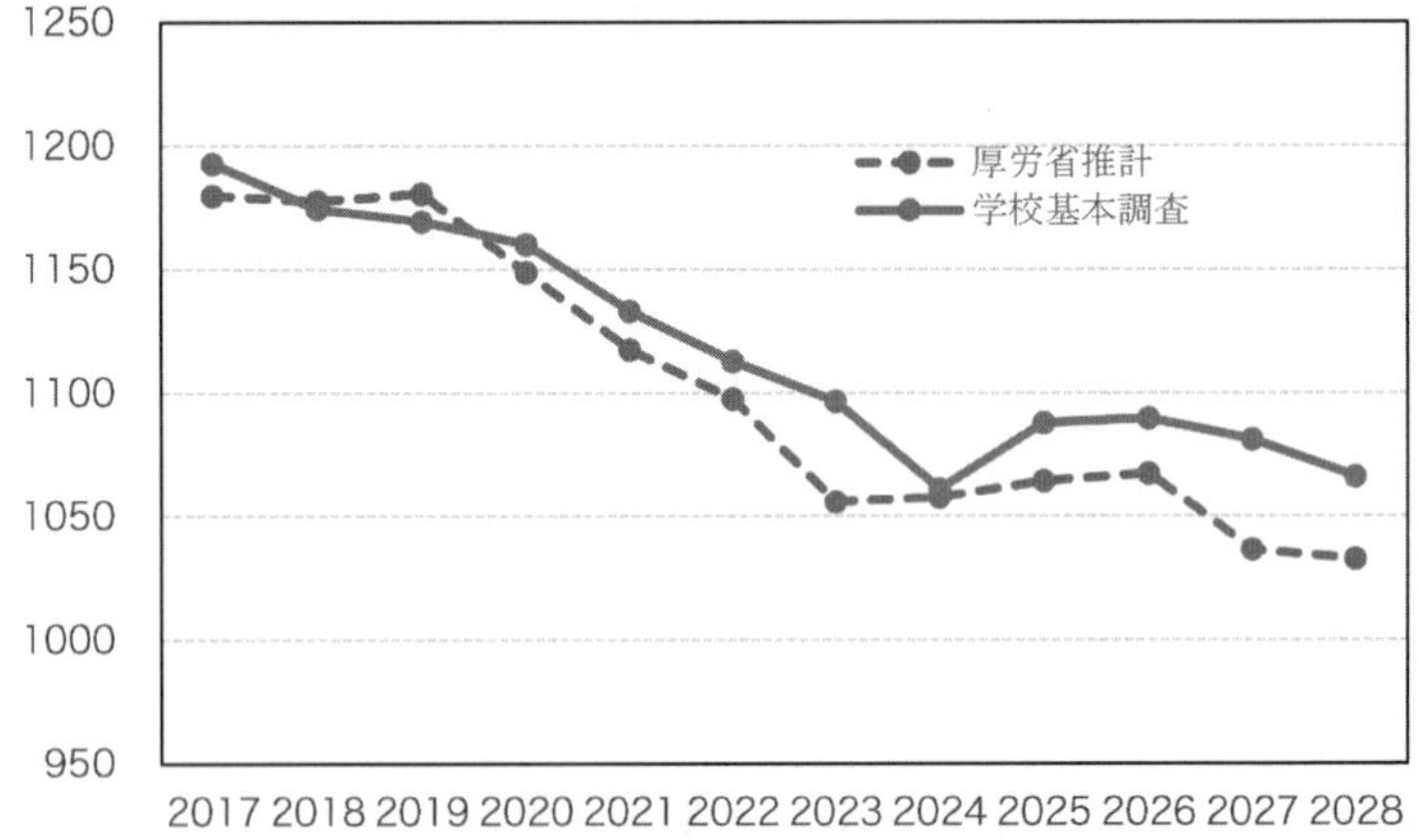

（出典）厚労省2012年推計値および学校基本調査による山本眞一作図

を抱えながら、短期的には一定の効果を上げうるものであろう。しかし、私学事業団が毎年公表している規模別大学志願者数から判断して、定員割れをしていない入学定員800人以上の大学の定員超過数は、2016年度で3万人に満たない数であるから、現在より6万6千人もの志願者が減るような事態になれば、その効果は限られるであろう。

第二の対策は、志願者数を増やすことである。それには進学率を上げること、社会人学生や留学生数を増やすことが考えられるが、進学率を上げるには大学教育をより魅力あるものに変える必要があり、そのためには一部の有力校以外の大学では、職業資格取得を含む教育内容の実学化が前提となるであろう。現在、制度化に向けて準備が進められている専門職業大学がどの程度成功するかがその鍵になるに違いない。社会人入学者数を増やすことは、我が国の雇用システムそのものの変化と連動するものであるので、短期的には極めて困難であろうと思う。留学生数を増やすことは、現実的な対策として有効であろうが、大学の負担や質の確保に問題が残る。また、これらの対策が奏功するためには、現在の授業料水準が、例えば社会人にとって妥当なものであるかの検討が必要である。18歳の若者にとっては、100万円の授業料が将来の投資として有効であるとしても、30代、40代の社会人にとって魅力のある価格なのか、さらに高齢者層が学びの楽しみを求めて大学の門を叩くのに、果たして100万円もの年会費（授業料）を支払おうと思うであろうか。

第三の対策は、大学の規模の縮小である。これには皆が負担を分かちあうようなかたちで行われる入学定員の一律縮小といういわばソフトランディングもあれば、体力に劣る大学が市場から退場し、結果として入学定員が縮小するハードランディングの二つのパターンが考えられようが、現実にはこの二つの組み合わせの中で推移するものと思われる。また、実際には個別の大学の存続や地域レベルの高等教育機会の確保の是非を巡って、政治的にも社会的にも厳しいやりとりをしなければならない。大学経営者や政策担当者にとって、より良い大学が生き残れるという「大学改革万能論」だけではなく、学生確保、地方振興や都市問題、雇用問題等を含むより泥臭い観点からも、これからの高等教育を考えていく必要に迫られるであろう。

県別に異なる減少度合い

さて、以上はマクロ的な考察であったが、もう少し視点をミクロに移すと違った現実が見えてくる。**図表2**は現在の小・中学校の児童・生徒数を、学校基本調査に基づき県別・学年別に整理し、児童等が18歳に達する時点でのその数を予測するものである。但し、先述のように死亡率は考慮しておらず、また県間の移動も織り込んではいない。もっともこれまでの経験則から言うと、大都市を含む県は今後も流入が見込

図表２　18歳人口の年度別・県別推移（減少幅の大小に応じた10県抽出）

年　度	2020	2021	2022	2023	2024	2025	2026	2027	2028
沖縄	100	97	96	97	95	98	99	101	100
東京	100	99	98	94	92	96	98	98	99
福岡	100	98	96	96	93	97	100	99	99
神奈川	100	99	98	99	96	99	99	99	97
熊本	100	99	96	96	93	95	98	96	96
全国指数	100	98	96	95	91	94	94	93	92
岩手	100	95	94	90	86	88	86	85	83
秋田	100	95	92	92	88	89	86	85	83
和歌山	100	95	93	87	85	85	85	86	82
福島	100	95	94	90	86	86	84	82	80
青森	100	96	91	88	82	83	81	80	76

（出典）学校基本調査にもとづく山本眞一作表
（注）数値は2020年度の人口を100とした場合の各年度の指数

まれ、それ以外の県では流出となるであろうから、現実にはより県間格差は大きくなるものと思われる。図表2においては、2020年度における各県の18歳人口の予測値を100とした場合の、各年度の予測値を指標化し、2028年度との差異が小さい5県と大きい5県を抽出して示してある。差異が小さい5県のうち、出生率の高い沖縄を別とすれば、残りは大都市を含む県である。熊本が5位にある理由については、別の機会に精査してみたい。

これから言えることは、東京や神奈川など首都圏にある大学は、18歳人口という点では意外とも思えるほどの好条件にあり、逆に言えば東京一極集中を抑えるために東京にある大学の規模を抑制しようという考え、すなわち地方にいる18歳人口を東京に移動させまいという前提が、すでに小学校児童数のレベルで東京やその周辺に集中しつつあるという現実を見ない偏った考え方であることが良くわかるのである。都市集中問題は、大学の問題というよりも、若いファミリーの居住地域・職場選択の問題であり、それは雇用構造・産業構造の変化を無視して論じることがあり得ないものなのだ。

逆に減少幅の大きい5県は、和歌山を除けばいずれも東北地方の県であり、これらの地域における大学教育の振興には、格段の配慮が必要となってくるであろう。大学経営者の知恵と政策担当者の配慮の適切な組み合わせが、強く求められるものである。

（2017年4月24日）

３―５　18歳人口の新推計と高等教育の将来

長期的には見通し緩和

今年（２０１７年）４月、厚生労働省から新たな人口推計値が公表された。前回の公表は２０１２（平成24）年であるから、５年ぶりのことである。実は前々回の連載記事で18歳人口の推計と都道府県別の予測に基づく高等教育のあり方を論じたばかりであるが、その原稿を出稿した直後に新たな推計値の公表があったので、読者の便宜を考慮しつつ、改めて新推計値に基づく高等教育システムの対応について論じてみたい。

今回の新推計は、２０１５年国勢調査の確定数の公表を受け、「人口変動要因である出生、死亡、国際人口移動について、それぞれの要因に関する統計指標の実績値に基づき、その動向を数理モデルにより将来に投影する形」（厚生労働省）で行ったとされている。国勢調査は５年毎に行われるので、将来人口推計も５年毎に改定されるというわけである。

厚生労働省が言う今回の推計結果のポイントは、①30～40歳代の出生率実績上昇を受け、推計の前提となる合計特殊出生率は上昇していること、すなわち前回の１・35から今回は１・44となり、これが中位推計の前提となっていること、②前回推計と比較して人口減少の速度や高齢化の進行度合いは緩和していること、すなわち総人口が１億人を下回る時期が５年延びて２０５３年となることや、65歳以上の老年人口割合（高齢化率）の上昇がやや低くなっていることの二点である。そのほか「ニッポン一億総活躍プラン」でいう希望出生率（1・80で、今回の高位仮定1・65を上回る）で算出した2065年の総人口と高齢化率についても言及しているが、この点は現政権の施策を忖度した結果であり、推計というよりは試算と考えるべきであろう。また、老年人口のピークは前回推計と同じ2042年であり、多少の緩和があっても少子高齢化は避けられないことには要注意である。

当面の見通しは変わらず

さて、大学をはじめ高等教育関係者の関心は、総人口の動きもさることながら、やはり18歳人口の将来であろう。成人学生や留学生の受け入れは、学生数の不足を補完するものとして期待はされようが、現実には大多数の学生は高校卒業直後の日本の学生であるからである。その18歳人口は、出生率・死亡率ともに中位推計を前提とした場合、今回の推計で言えば現在およそ120万人であるところ、今後2020年代半ばに向けて減少し、2024年には107万人になる。言わば「一番底」がこの年になる。その後やや安定的に推移するものの、2027年から2033年にかけて減少が進み、「二番底」の2033年には97万人を切るまでに至る。その翌年にはやや持ち直すものの、やがて今世紀の半ばには80万人を下回るようになる。

これが今回推計による18歳人口の動きであるが、比較のために図表では前回2012年の推計値との違いを図示してみた。当面の関心事である2030年頃までの18歳人口は、前回推計時にはほぼ、また今回の推計においてはすでに出生済みの人口であるので、結果にそれほど大きな差異はない。その類似性についてはいささか関係者の期待、すなわちある程度は増加するのではないかという願いを裏切るものもあろうが、国際流動や死亡率の違いが多少は影響するにしても、これは事実としての出生者数があるので、致し方のないことである。くれぐれも誤解のないように心がけるべきである。

二番底を乗り越えるまでは

問題は、その先の２０３０年代以降の話である。前回の推計では１０３０年に１０１万人、２０４０年には80万人、２０５０年には73万人という大変厳しい見通しが示されていたが、今回の推計では、これがそれぞれ１０３万人、88万人、81万人となっており、２０４０年、２０５０年の値で見れば、８万人上方修正されている。これはひとえに出生率の上昇によるもので、とりあえずの安心材料の一つであることは間違いあるまい。つまり、２０３０年代前半まで生き延びることができた大学は、その後の見通しが前回推計よりは明るいものになるだろうからである。但し、２０３０年代前半までの十数年間を生き延びるためには、前述のような一番底と二番底の危機をクリアしなければならない。

一番底の18歳人口は、２０２４年の１０７万人である。２０１６年の18歳人口が新推計のデータに

図表　18歳人口の将来推計（新旧比較　単位千人）

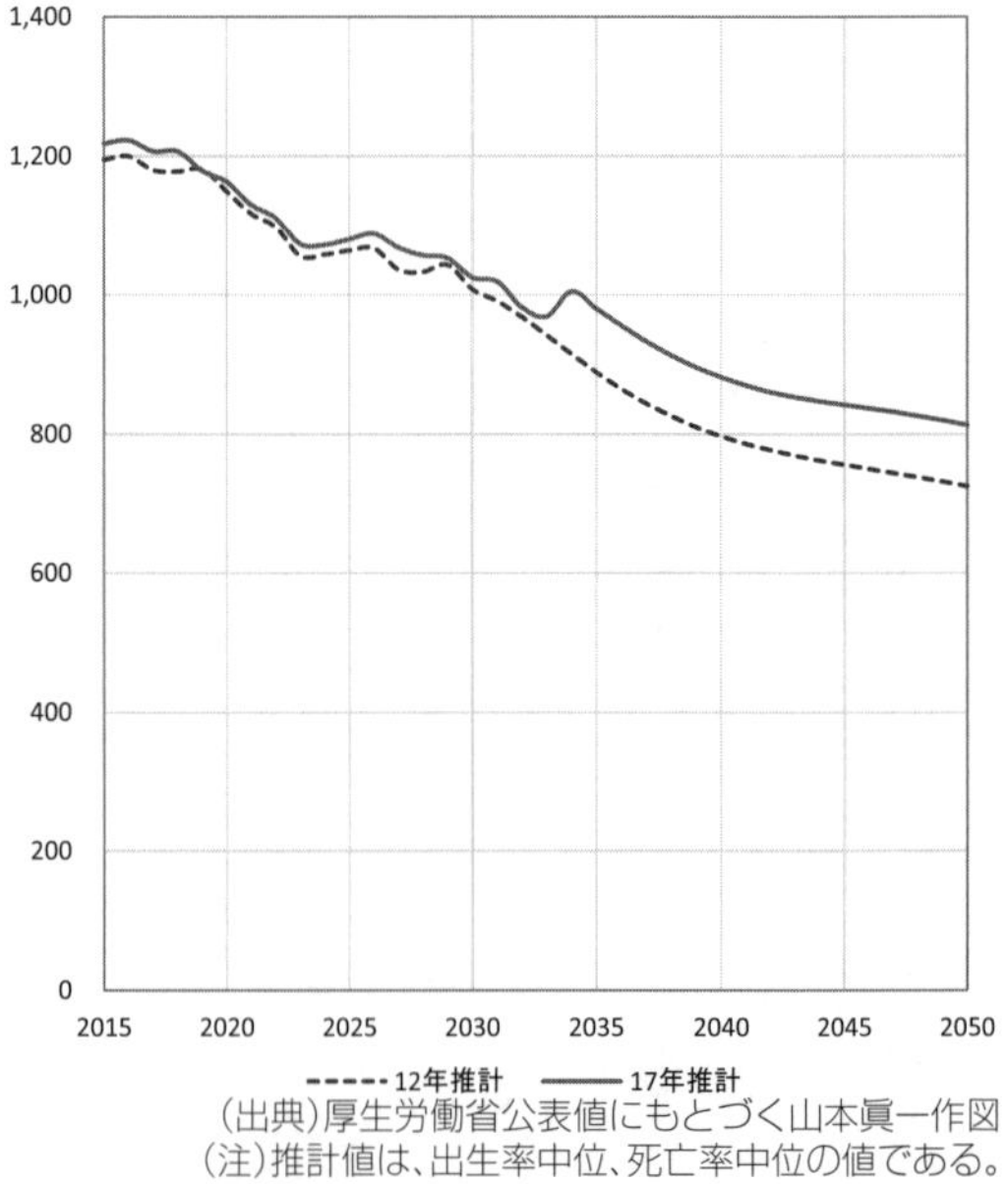

（出典）厚生労働省公表値にもとづく山本眞一作図
（注）推計値は、出生率中位、死亡率中位の値である。

よると１２２万人であるので、両者の差は15万人ということになる。このうち半数が大学・短大に入学すると仮定すれば、全国では7万5千人の入学者数減を見込まなければならないだろう。もっとも２０１６年の１２２万人は、文科省が使う3年前の中学校卒業者数に比べてやや多い。これには我が国の中学校を卒業しない者なども含まれていることなどの理由が考えられるが、大勢には影響がないと思われるので、ご承知おき願いたい。また2番底の２０３３年には97万人となるので、これは２０１６年比で見ると25万人の減（入学者数ではおよそ13万人減）ということになり、また２０２４年比でも10万人の減である。但し、進学率の伸び方によって、この減少幅は大きな影響を受けるので、必ずしもこの数値通りに減少するとは限らない。

政治的配慮が強まる？

この大きな人数減への対処方策については、すでに前々回の連載で触れたので、ここでは繰り返しを避けたいが、昨今の政府関係の会議および私学関係者の願いを忖度すれば、できる限り潰れる学校を減らして、多くの大学・短大を救いたいという願望が高まりつつあることを感じる。大規模私学の入学定員厳守（ペナルティー付き）や東京都心での大学・学部等の新増設抑制、国立大学をアンブレラにした経営困難私学の取り込みなどさまざまな施策や構想は、いずれも大学改革による事態の打開というよりは、政治的配慮による経営困難私学の救済策の模索ではないかと私には映る。

もちろん多くの私学が今以上に経営困難に陥り、その果てに少なからぬ学校が廃止という事態に追い込まれることは、非常に辛いことであるのは間違いない。私自身がそれらの学校に勤務していると仮定すれば、教職員の雇用を守るためにも何とか学校の存続を図ろうとするのは当然であろう。ただ、多くの大学経営者は競合する大学が高等教育市場から撤退してくれれば自分たちは楽になると、密かに思っているであろう。これは先日ある権威あるシンポジウムで私学経営者自身から聞いた話であるから、信頼に足る情報である。したがって、大学関係者が競争よりも協調によって何らかの妥協点を見いだしながら、この未曽有の危機に対応しようとする機運はなかなか生まれ難い。何せ、高等教育市場はゼロサムどころかマイナスサムのゲームに否応なしに巻き込まれてきているからである。

今後、もっともありうるかたちとしては、ある程度の学校の廃止を不可避と前提した上で、政策当局の援けを借りつつ、高等教育の総量抑制、大学の統廃合、学生への経済支援の充実、国公立大学と私立大学との関係の見直しなど、さまざまな改善策が模索され続けることになるだろう。人口推計の新発表を契機として、改めて18歳人口問題に対して注目をしなければならないことを主張しておきたい。

（２０１７年５月29日）

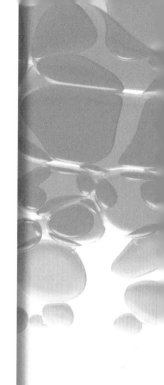

第4章

大学教育の機会と効用

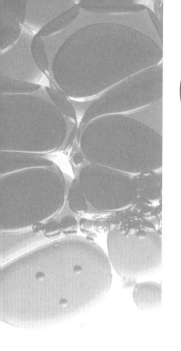

４―１　教育の効用と大学改革
～日本高等教育学会大会に出席して

大学進学動機解明の議論

人はなぜ大学に進学するか？この古くて新しい設問は、以前から研究者や有識者の間でしばしば議論されてきた。とくに１９６０年代に世界各国で著しい経済成長が見られた中で、ＯＥＣＤが「The Residual Factor and Econonic Growth（残された要因と経済成長）」という研究レポートを出版し、経済成長にとって教育というものが重要であると述べた頃から、教育と経済と関係がより精緻に議論されるようになった。また70年代に入り「Mark Blaug の「教育の経済学」「Gary Becher の「人的資本」などの好著が次々と出版され、この分野の研究が一層盛んになった。当時、新進気鋭の高等教育研究者はこの問題にも大いに関心を示し、教育には金銭的効用や非金銭的効用があるので大学進学を目指す、という仮説のもと、我が国の高等教育における進学諸要因が分析された。大学進学という「投資」の内部収益率は、当時まだまだ高かった定期預金の金利よりもさらに高いという計算結果も出たりして、私自身もこのことには大いに関心を持ったものだ。

但し、その後出てきた「スクリーニング（篩い分け）仮説」は、大学教育はそれ自身が人の資本的価値すなわち人材の能力を高めるのではなく、もともと能力の高い人間を探すために入学試験という厳しい篩にかけて選別するのだと主張し、それが大学受験地獄の深刻なこと、学生が入学後勉強を熱心にしないこと、それでも有名大学であるほど大企業就職が容易であることなど、当時問題の諸現象を鮮やかに説明し、注目を浴びるようになった。ただ、この人的資本論と篩い分け理論のどちらの妥当性が高いのかは未だに決着がついていないように思う。同じ頃に、マーチン・トロウのエリート・マス・ユニバーサル論が盛んになるにつれ、大学進学は効用を求めての進学である間はよいが、やがてユニバーサル化の時代になると、これが義務化するということも話題を呼んだ。大学進学をしないことによる不の効用が意識され始めた頃である。

また、最近の高等教育研究によると、大学進学の内部収益率は高卒のそれに比べてより高くなっているようであり、これは知識基盤社会化の証しであると同時に、大学非進学の負の効用を裏付けるものであるともいえよう。ただ、進学率上昇に伴う問題も大きくなっている。もちろん、これには人口減の中で学生数を確保せざるを得ない大学側の経営事情が大きいが、大学教育に関心のない者までも、半ば義務的に大学に進むようになると、中退者の増加や学生の学力低下を招き、それを補うための教育内容・手法の改革を議論の俎上に乗せざるを得ない状況になる。さらに、大学進学の効用とは別に、大学教育を個人に平等に保障すべきだという議論も根強い。従来は表立っての主張が難しかった親の所得や職業その他社会階層による高等教育の不平等を明らかにする研究も増え始め、これが高等教育の進学保障、すなわち経済的な支援論や、大学以前の初中等教育における教育のあり方議論にまで影響を及ぼしつつある。

日本高等教育学会の課題研究

さて、このような中、２０１６年６月25日・26日に大阪の茨木市にある追手門学院大学で、日本高等教育学会第19回大会が開かれた。25日夕刻までに３００人を超える参加者があったそうだから、地方で開催される大会としては極めて盛会であったと思う。私もこの二日間にさまざまなセッションに出席したが、その中の一つに課題研究「大学教育の効用」があった。同時並行で開催されたもう一つの課題研究「大学の教育マネジメントとガバナンス」の方に関心が多く集まったのか、私が出たほうの課題研究セッションは、やや出席人数が少なかったようである。しかし他方のテーマが、昨今の大学経営や高等教育政策の実務に直結し、それゆえに受動的に情報を得ようとする会員の人気を集めたと思われる反面、大学教育の効用は高等教育研究としてよりふさわしい研究テーマであり、高等教育の本質に迫るものではないのかと思うので、いくつかの論点を紹介したい。

この課題研究の趣旨は、学会側の説明によると、教育の効用に対する関心は決して目新しいものではないが、教育の効用を定量的に測定することに対する社会的要請が近年再び高まっている、つまり限られた財源を効率的に活用する観点から、優先的・重点的に投資すべき事項を、「エビデンス・ベースで明らかにする必要がある」ものだとする。もちろん、その論を進めていけば、文系よりも理系、抽象的な学問（虚学）よりも実際的な学問（実学）に投資すべしということになって、学問間のバランスを崩してしまうおそれはあろう。ただ、学生が大学や学問分野を選択した結果、現在の大学分布や学問構成があるのだと理解すれば、そこに大学教育の効用という分析軸を設定して分析すれば、何らかの有益な研究成果が出るに違いない。

登壇者の一人、島一則氏（東北大学）は、「大学教育の効用についての文献研究と試験的実証分析」と題する発表を行い、先行研究のレビューとともに今回同氏がデータに基づき分析した結果をまとめ、教育と賃金の間の「ブラックボックス」の解明の一助として、「直接的な賃金の規定力は他の変数をコントロールしても、教育年数の値が最も大きい」、「生得的能力の（賃金への）直接効果は必ずしも高くない」と主張した。

続いて登壇の松重寿和氏（大阪大学）は、労働経済学の立場から、教育効果測定方法の課題、例えばサンプルバイアス（そもそも意識の高い学生だけを調査して授業の受講が役立ったと結論付けるなど）の問題や、賃金・所得が正確に能力を反映しているのか、職位や地位は企業間・産業間で差があるのではないか、などの問題を指摘しつつ、結局は社会で求められる能力をどのように特定するかがこの課題を解く大きな鍵であるとした。また、三番目の登壇者、妹尾渉氏（国立教育政策研究所）は、「大学教育の外部効果に関する研究」と題して、その方法論にまつわるいくつかの課題を紹介した。

大学は何をするところか？

この課題研究のテーマと関連性があると思われる発表に、自由研究発表の一つの部会で発表した磯田文雄氏（名古屋大学）の「学問と職業訓練と大学」と題するものがあった。同氏は近年文部科学省が、学問の論理ではなく、学生の能力開発の観点から構成される「コンピテンシー」重視の提言をしていることを題材に、大学という場で行われる教育はどういうものであるべきかについて先行する各種の研究成果も交えて論じ、結論として「大学は学問をするところではないのか」として、昨今の職業訓練重視の論調を批判的に捉えていたことが印象的である。同氏の結論部分を引用してみよう。「大学は、人類の知的資産の「蓄積・伝達・創造」を行うことが基本的な役割である。（中略）大学は学問をするところなのか、それとも異なる機能を重視するところなのか、それがいま問われている。」

同氏は、質疑応答を通じて、大学の規模縮小、専門職業大学などの大学の多様化などについても懐疑的見解であるようであった。私とは若干見解を異にするが、しかし世の中を常識に囚われずに深く洞察するという姿勢には共通のものを感じたので、同氏の更なる研究を期待している。なお、私自身も大会の別の自由研究発表部会で「大学改革の政策科学的考察（１）なぜ改革は始まり、なぜ終らないのか」と題する発表を行った。その内容については、誌面の制約もあり、今回は触れる余裕がないが、後日の連載で論じることにしたい。

（２０１６年７月11日）

4―2　大学教育機会の偏在と調整をどう考えるか

地方小規模私立大学の問題

いわゆるアベノミクスの推進に関し、近年議論を賑わせているものの中に、地方創生というアイデアがある。地方の経済を活性化し我が国全体の経済成長を促そうという趣旨らしい。ここに地方にある大学とりわけ私立大学の振興が視野に入っている。もともと、地方の小規模私学の中には、定員割れを起していたり、経営状態が良くなかったりする大学が多く含まれており、それらの振興あるいは救済というものが、高等教育政策の重要な柱になっていたところ、このような地方創生というスローガンが生まれたことは、関係者にとって力強い味方が現れたということであろうか。しかし、現実はそうは甘くはない。

昨年、私学事業団が公表したデータによっても、大都市圏を含まない県に所在する私立大学の学生確保状況は、大都市圏を含むそれに比べて悪く、また小規模大学ほど定員割れ比率が高いことが知られている。その対策として、個々の私学が自らの改革によって、魅力ある大学づくりをし、これによって学生の人気度を高めて定員充足にもっていく、という「一般論」としての解決策がこれまで語られてきた。しかし、個別大学の成功は必ずしもその地域全体の私学の成功にはつながらない。限られたパイを奪い合うだけでは、干上がりつつある池の魚のごとき状態になってしまい、結果として私学全体に害を及ぼす危険性があるからである。

そこで出てきた対策の一つに、大規模私学の定員管理の厳格化政策がある。その概要と効果の見通しについては、本誌第389号（2016年6月13日）に書いたので繰り返しは避けるが、政策あれば対策ありの状況であり、その効果はさほどは見込めまい。むしろ各大学の定員管理は複雑化し、エンロール・マネジメントが不安定になってしまう恐れが大きい。

それならば、ということで最近声が大きくなりつつあるのが、国公立大学の学士課程入学定員の削減論である。国公立大学は、我が国の大学入学者数の21パーセント（2015年現在）を占めるに過ぎないが、県別にこれを見れば、高知、島根の100パーセントを筆頭に、富山、秋田、佐賀、山形と70パーセントを超える県がある。これらの県を含む多くの県で国公立大学の入学定員を削減すれば、あたかも高等学校における公私協力方式に似て、地元の国公私立間の入学者配分をより妥当なものにすることができるのではないか、というわけである。

四半世紀の変化を県別に見る

このことを確認するために、学校基本調査の県別大学入学者データをもとに、図表を作ってみた。短期大学および高等専門学校は含まれていない。データは、今の大学改革が本格化する直前の1990年度の入学者数を各県ごとに○印で、直近の2015年度の入学者数を●印で表してある。つまり、この四半世紀の変化の傾向も併せて観察しようというわけである。図表は2枚あるが、縮尺が違うだけでもとは同じものである。**図表1**は突出して入学者数の多い東京を入れたものであり、横軸（X軸）は国公立大学入学者数のスケール、縦軸（Y軸）は私立大学入学者数のスケールである。前者が1万4千人、後者が14万人と10倍の差になっていることに注意いただきたい。確かに東京が圧倒的に多く、これに続く大都市圏を含む府県もはるか下方にあるという印象で、さらにその他多くの県は団子状態になって固まっている。県名が重なるなど図表が見にくくて恐縮であるが、実態を表現するという意図があるので、ご容赦いただきたい。

まず、入学者数の全体の傾向としては、私立大学への入学者数が多く国公立大学が少ないということが分かる。ただ、最多の東京ではこの四半世紀の間に、国公立大学の入学者数が若干減少し、それに対して私立大学の入学者数が激増していることが分かる。いかに私立大学の新増設が続いてきたかということがよく分かる。大阪についても同じ傾向であるが、神奈川、愛知、京都、北海道では国公立大学も伸び、逆に福岡では私立大学が若干入学者数を減らしている。埼玉や千葉など首都圏にある県では、私立大学入学者数が大きく伸びている。私学に適した立地はどこか、を裏付けるデータである。

図表１　県別にみる大学入学者数（1990年度および2015年度）

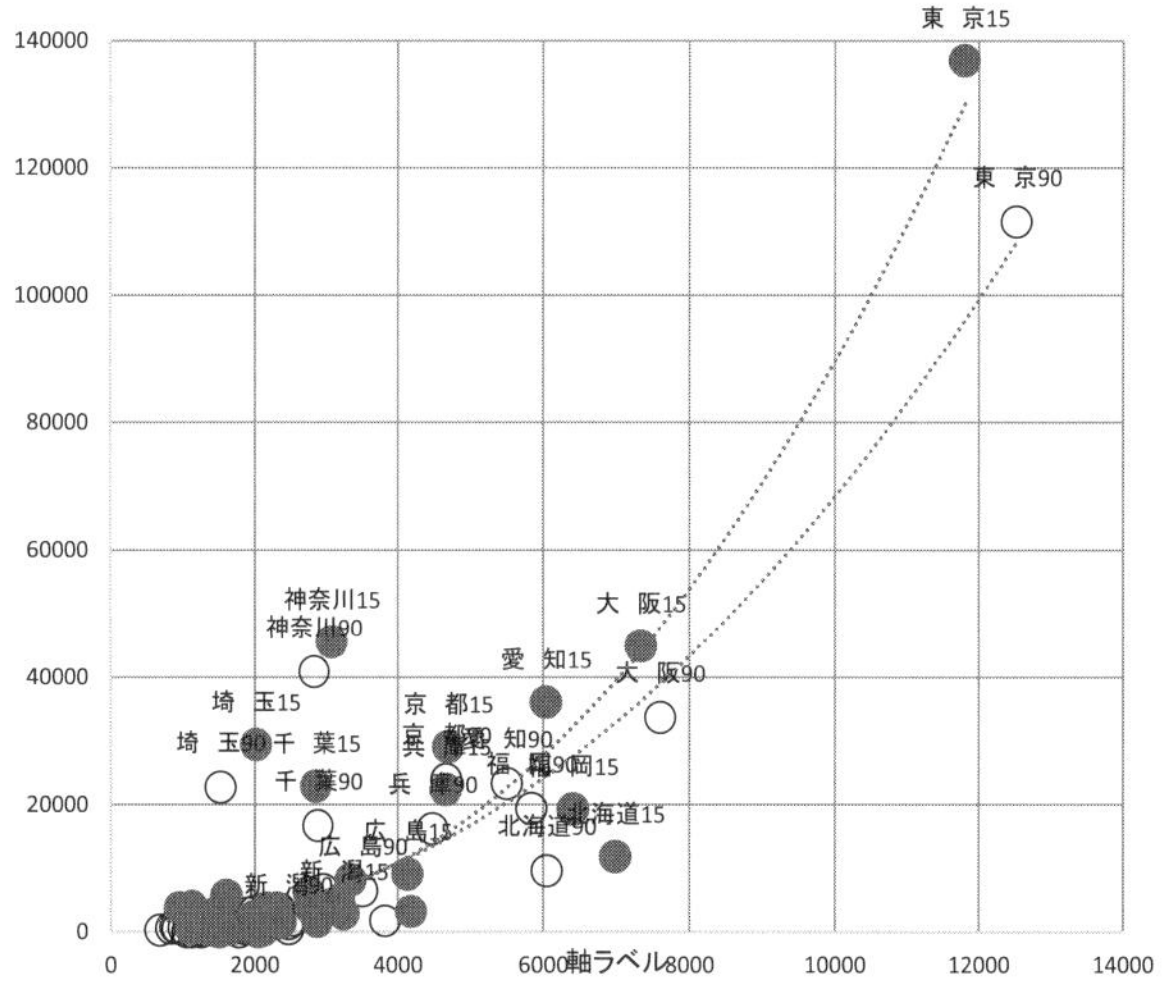

（出典および注）本文記載の通り

全体の傾向を把握するために、図表1のデータの2次近似曲線を引いてみた。1990年よりも2015年の方がこの曲線が左上方に移動しており、私立大学の新増設や定員増が大きかったことを示している。また、近似曲線の左上方にある県は、全体平均よりも私立がより優位、逆に右下方にある県では、国公立大学もそれなりに拡張をみたということであろう。県別データを細かく計算すれば、私立大学入学者数が四半世紀の間に大きく伸びたのは、新潟（489パーセント）、群馬（172同）、長野（170同）、静岡（169同）、長崎（109同）であり、逆に国公立大学入学者数の伸びが大きかったのは、滋賀（95同）、秋田（81同）、青森（69同）、和歌山（64同）、高知（63同）であった。それぞれには異なる背景事情があるものと考えられるが、ここでは詳述する余裕がないので省略する。

図表2　県別にみる大学入学者数（部分）

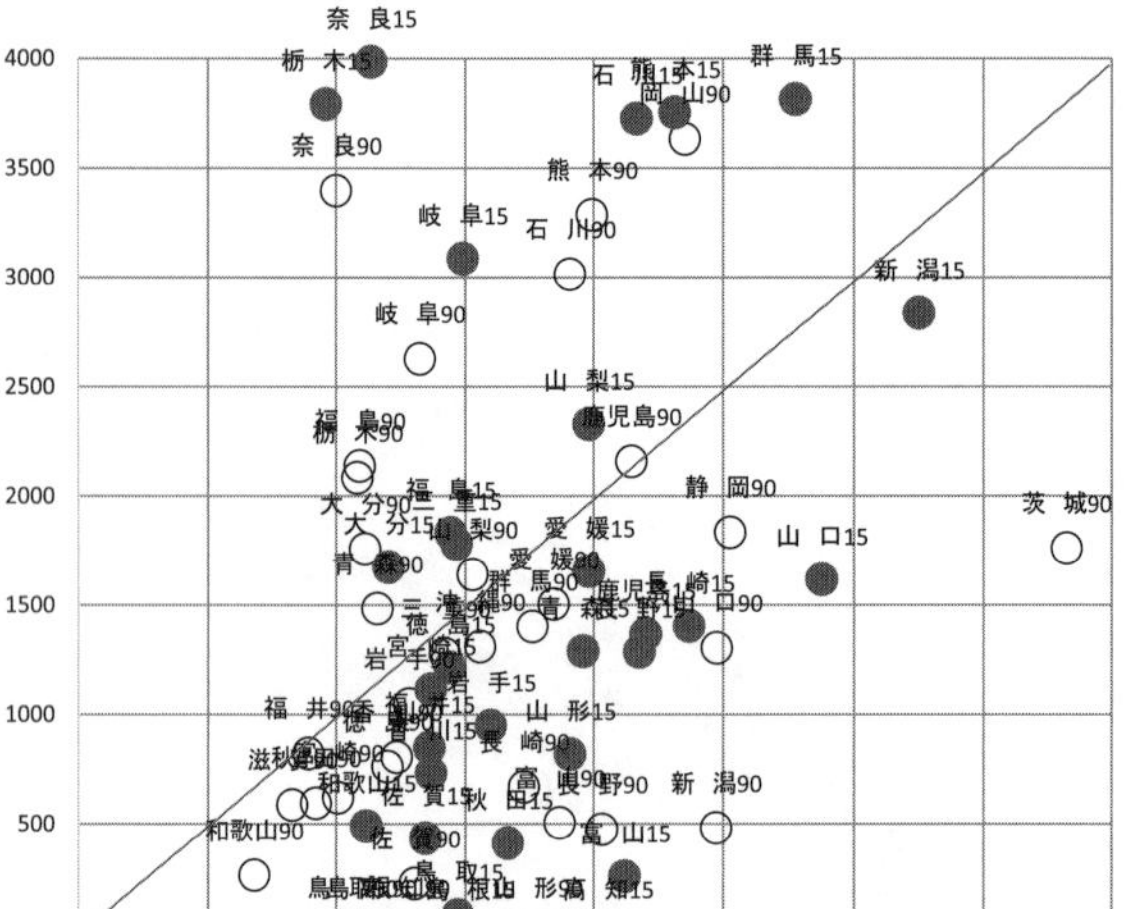

国公立優位の県も数多く

さて、多くの県における入学者数の分布をより詳細に見るために、図表2ではスケールを変えて、国公立も私立も4千人を最大値としてみた。この図表の左上方にある県は、私立優位、右下方にある県は国公立優位ということになろう。実際、この図表を見ると国公立大学優位の県は大変多く、県レベルでは全体とは異なる観点で大学の入学者数を考えなければならないという印象を持つ。なぜなら、国公私を通じてそれぞれの大学には設立の経緯とその後の歴史があり、いわば結果としての最適化が図られてきたのだとも言えるからである。

したがって、今後の大学教育機会の整備・調整を図るには、さまざまな政策の併用の中で解決を模索しなければならない。その第一は、国公立大学の定員削減を含む私立大学との間の調整。但し、国公立大学には比較的低廉な授業料による教育機会の均等化や、維持経費がかかりがちな工学系・医療系の分野の教育機会の維持などの役割も課されているだろうから、調整には慎重な見極めが必要である。

第二に、私立大学においても大学規模の縮小を含む調整。進学率が頭打ちで、かつ18歳人口がかつての半分以下にまで縮小しつつある現在、大学規模の縮小議論は避けて通れない。また第三には、経営が立ち行かなくなった大学について、秩序ある撤退方策をさらに考えていくこと。すでに一定のルールやシナリオは確立されていると思うが、撤退校数が数十校に及ぶような事態になったとき、想定外の状況が起きるかも知れず、これに慌てることのないよう、さらなる検討を行うことが必要である。現在、国においては「私立大学等の振興に関する検討会議」でさまざまな検討が行われていると思うが、このような問題にも現実直視の目を注いでもらいたい。

（2016年8月8日）

4―3　成人学習の前提条件〜採るべき必要な措置とは

国際ワークショップに出て

先月上旬、アイルランドのダブリンで、高等教育改革に関する国際ワークショップ（以下「ＨＥＲ」と略称）に出席し、研究発表や司会も行った。このワークショップは、世界の各地から集まった高等教育研究者による非公式で自由な会合であり、今回で13回目を数える。本誌連載でも、過去数回その様子を紹介したことがある（直近のものは、第３７５号、２０１５年11月９日）。今回のＨＥＲのメインテーマは「各国の人口動態の変化、国境を越える多数の人口移動を睨んだ高等教育へのより広範なアクセスと高等教育改革・政策にとっての意味」（意訳）というもので、年長成人のための高等教育を含む幅広い生涯学習の議論そしてヨーロッパ諸国が抱える大量移民問題への高等教育分野の対処が、その関心の中心に据えられた。

会議の初日、私が司会を務めた基調講演のセッションで、スロベニアの元教育・スポーツ大臣でリュブリヤナ大学教授のパベル・ズガガ氏は、かつての大学にとってアカデミックな流動性はそれ自体が善であったが、マス高等教育の進展の中でさまざまな条件が変化し、果たしてその流動性は「自由か脅威か」が問題であるという興味ある問いかけを行った。確かに我が国の高等教育においても、かつては比較的少数の留学生に高度な教育を行うことによって、国際貢献を果たそうとする我が国の前向きな姿勢を表すものとして、誰もが理解していたと思う。しかし、留学生30万人計画の途上にある今日、大学によっては定員割れ対策として闇雲に留学生を確保したり、また学生それ自体も渡日の目的自体が問われるような者が含まれるようになったりしている現状があり、今回のＨＥＲへの出席によって、私自身もこの問題を改めて考えることが必要だと感じた。

年長者にとっての高等教育

ただ、今回のＨＥＲ全体を通じて、より大きな関心事と思われたのは、成人とりわけより年長の成人に対する高等教育へのアクセスの問題であった。今回のＨＥＲでは四つのパネル・ディスカッションが用意された。すなわち、①より広範なアクセスと国際的な移動パターンの変化：高等教育改革・政策への意味合い、②年長の成人のための高等教育：世界で何が起きているか、そしてどのような改革が必要か、③ラテンアメリカ諸国における高等教育の拡大と高齢化する人口、④意図と現実との落差：生涯学習推進のための大学改革、であった。このうち、私は②と④にパネリストとして議論に参加した。

また、パネル・ディスカッションの合間に行われた個別研究において、私が発表したのは「高齢化社会における高等教育の役割とその経営」と題するもので、生涯学習社会における大学等の高等教育機関の役割の重要性を強調するとともに、日本において成人学生が大学に少ない現状を睨みつつ、第一に知識基盤社会の進展に伴い、成人の学習ニーズが高まることが予想されること、その際、実際に役立つ職業教育が大学には求められ、そのための新たな専門職業大学構想が進められていること、第二に18歳人口の減少にともなう新たな学生層の獲得に向けて、成人学生層という厚い人口が着目されていることを強調した。実際、厚労省の将来人口予測（２０１２年）にもとづき人口分布をプロットし、これを眺めるだけでも、現時点でさえ中高年人口は極めて多いこと、将来は絶対量は減るものの、相対的には高齢者層の人口がますます増大することが見て取れる（図表１）。

しかしこれら高齢層を高等教育に呼び込むのは容易ではない。それに関しては、成人とくに高齢の成人は、大学教育を投資ではなく楽しみ（消費）と考えていること、そのために高い授業料を払うことには消極的であること、高齢者は高等教育への関心のほか、年金、医療、家族、住宅などさまざまな重要かつ深刻な課題を抱えているので、教育への関心を喚起するには格段の努力が必要であることを指摘した。

図表１　日本における年齢別人口分布の将来

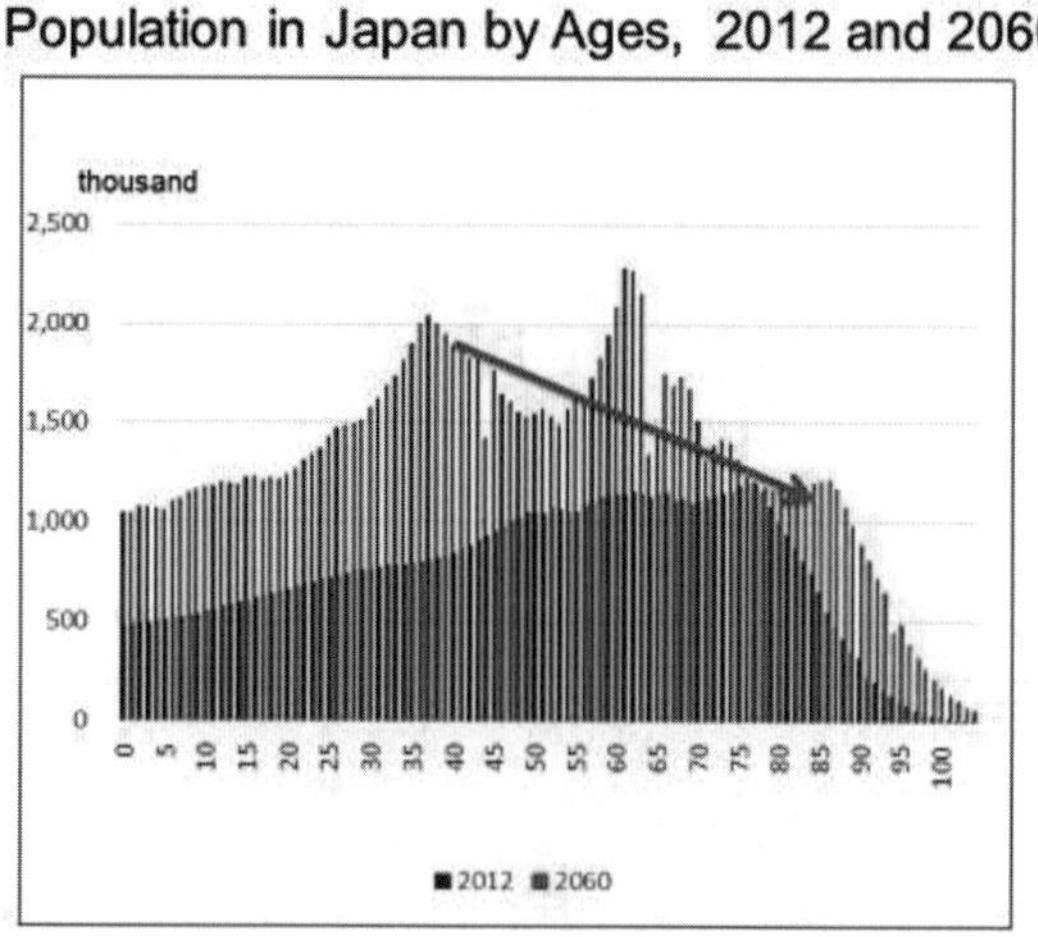

（出典）HERにおける山本眞一発表資料（厚労省データに基づく）

労働・産業政策に踏み込んでこそ

さて、成人層が大学に多くは入学しないことは、つとに知られた事実である。数年前から、我が国の大学入学者のうち25歳以上の者はわずか２パーセントで、国際比較からみて極めて低い数値だということが、よく言われるようになっている。しかし、学校基本調査のデータを見る限り、実際にはもっと若者に偏っている。「２パーセント」には何らかのマジックが含まれているに相違ない。学校基本調査で２０１４年度まで公表されてきた学部別・高校卒業年別の入学者数のデータを見れば、**図表２**のように、２０１４年度入学者のうち、４年以上前の高校卒業者すなわち年齢で言えば22歳以上の者の割合は僅かに０・72パーセントであり、しかも10年前、20年前に比べてこの数値はますます小さくなっている。おそらくは一部の大学・学部を除けば入学者選抜が急速に容易化していることで、浪人をする必要が少なくなっていることがその背景にあるのだろう。

また、大企業を中心とするいわゆる日本的雇用慣行の存在も見逃せない。18歳で入学した学生が卒業するのは22歳、それに比べて22歳で入学すれば卒業は26歳以降ということになる。これでは若年時新卒一括定期採用という条件に外れることになってしまう。このことは、学部別に見ればより顕著である。文系だけではなく、理系においても入学者に占める年長学生の比率は極めて少ない。例外は医療系、とくに学生に人気の高い医学部であって、ここではそ

図表　高校卒業後４年以上経過者の大学入学者数全体に占める割合（％）

	2014年			2004年			1994年		
	計	男	女	計	男	女	計	男	女
入学者全体（下記以外も含む）	0.72	0.87	0.53	1.07	1.18	0.92	1.12	1.17	1.03
文学部	0.44	0.78	0.26	1.05	1.55	0.82	0.91	1.25	0.75
法学部	0.44	0.47	0.36	1.03	1.11	0.83	1.45	1.40	1.59
経済学部	0.40	0.42	0.34	0.60	0.60	0.57	0.94	0.80	1.66
経営学部	0.23	0.30	0.08	0.79	0.74	0.93	0.75	0.74	0.78
理学部	0.95	0.99	0.83	1.33	1.52	0.85	1.48	1.70	0.89
工学部	0.32	0.32	0.37	0.63	0.61	0.78	0.76	0.75	0.90
医学部医学科	8.39	9.96	5.31	10.79	12.46	7.43	8.25	9.83	4.67
看護学部	1.95	4.88	1.59	2.97	7.46	2.66	4.33	10.00	4.15
教育学部	0.50	0.89	0.20	0.59	1.02	0.29	0.45	0.89	0.15

（出典）学校基本調査による山本眞一作図

の強固な国家資格に守られているからか、22歳を超えて医学部に入学する学生がおよそ10人に一人はいるということが分かる。つまり、学位や資格の効用が、22〜24歳時の大企業入社チケットに過ぎない他分野に比べて格段に大きいことが、このような差異をもたらしているのである。生涯学習を盛んにするためには、単に生涯学習情報を整備したり、大学入学に際しての社会人優遇策をとるだけでは全く不十分であるということがよく分かる。

このような折、２０１６年９月26日付けの日経新聞教育欄に出た、名古屋大学の夏目達也教授の論稿に注目したい。ここでは「大学で学び直し支援を」という見出しがついているが、ここで紹介されている東京大学調査で分かった社会人の大学院入学の阻害要因は、費用が高すぎること、処遇の面で評価されないなどであり、これらは裏を返せば大学で学ぶこと、すなわち学位・学歴の価値が支払う費用に比べて低すぎるということであろう。大学が出す学位の価値が高まれば優秀な社会人が入学し、これによってその学位プログラムの質が高まるという好循環が起きることは間違いのないことだから、ここは一つ、政策当局は大学入学や学習活動についての支援に止まらず、労働政策や産業政策の一環として、生涯学習環境の整備に力を尽くすべきではないだろうか。

（２０１６年10月10日）

4—4　大学教育の経済的価値〜奨学金延滞問題をもとに

奨学金の大きな役割

皆さんの多くがご存知の通り、大学教育と奨学金との関係はきわめて密接なもので、その経済的支援が大学卒業に大きな支えになったと感謝している人々は大変に多いことであろう。私自身もそうである。日本学生支援機構に統合改組される前の日本育英会はその法律によって「優れた学生及び生徒であって経済的理由により修学に困難があるものに対し、学資の貸与等を行うことにより、国家及び社会に有為な人材の育成に資するとともに、教育の機会均等に寄与することを目的とする」と定められ、現在の日本学生支援機構法にも「教育の機会均等に寄与するために学資の貸与その他学生等の修学の援助を行い、（中略）我が国の大学等において学ぶ学生等に対する適切な修学の環境を整備し、もって次代の社会を担う豊かな人間性を備えた創造的な人材の育成に資する（中略）ことを目的とする」と定められている。育英よりも奨学の精神が強調されてはいるが、それでも両方の精神は同機構の目的に埋め込まれている。

その奨学金の多くを占めているのは日本学生支援機構が貸与している奨学金であり、同機構の資料によれば、平成27年度において専門学校まで含めた高等教育機関の学生３４８万人のうち、38パーセントにあたる１３２万人すなわち２・６人に一人が貸与を受けているとのことである。平成16年度の22・８パーセント、４・４人に一人であったのと比べて、大きく拡大していることがわかる。学生（学部）一人当たりの貸与額は、貸与終了時点で第一種奨学金（無利子）が２３６万円、第二種奨学金（有利子）が３４８万円となっており、結構大きな金額になっている。私が学生の時に受けた日本育英会奨学金（貸与分）の額は年額３万６千円であったから、総額でも14万4千円、当時の国家公務員初任給の４ヶ月分にも満たない少額であったから、その返還には特段の問題はなかったと記憶しているが、現在は金額も大きくなり、学生にとってその返還は相当負担を伴うものではないかと思う。ちなみに同機構の試算によれば、月額８万円の有利子（年０・16パーセント）貸与を受けた場合、20年返済で月１６２７０円になるという。

奨学金延滞の問題

このような事情もあってか、滞納者の存在と彼らに対する返還促進は文科省や機構にとって課題であるらしく、同機構の資料においてもその詳細がまとめられている。それによると、平成27年度末現在で３カ月以上滞納している者は、返還者総数約４百万人のうち16万5千人、率にして4・2パーセントとのことである。但し、平成16年度末に9・9パーセントであった滞納率は年々低下している。また直近5年間に貸与が終了した者の滞納率はこれよりはるかに低く、平成26年度末で1・5パーセントである。返還開始当初には確実に返還に努めていたものが、年数が経つに従って経済的理由等の関係で返還が滞ってしまうのであろうか。

さて先月（２０１７年４月）、機構は個別の学校の奨学金の返還率（滞納率）の公表に踏み切った。その目的は、奨学金には多額の公的資金が投入されていること、返還金が次世代学生のための奨学金の資金に活用されていること、このため延滞状況の防止・改善が必要なこと、「各学校と機構が連携・

図表1　学校種別奨学金滞納状況

学校種	貸与終了者数	延滞者数	滞納率%
高専	10,081	68	0.7
短大	144,563	2,296	1.6
大学	1,325,337	19,179	1.4
大学院	219,355	1,079	0.5
専修(専門)	393,512	9,794	2.5
総計	2,092,848	32,416	1.5

(出典)日本学生支援機構公表値
(注)過去５年間の貸与終了者に占める平成26年度末時点で３ヵ月以上延滞している者の比率である。

図表2　延滞率の高い大学の分布状況（平成 26 年度末）

滞納率%	国立大学	公立大学	私立大学
10以上			1
9以上			1
8以上			2
7以上			2
6以上			7
5以上			9
4以上		1	27
3以上		1	56
2以上	1	1	119
1以上	11	22	162
合計	12	25	386

(出典)東洋経済ONLINE(http://toyokeizai.net/articles/-/168512)に基づく山本眞一作表。延滞率１パーセント未満の大学は省略。
(注)図表１に同じ。

協力し、奨学生に対して、借り過ぎることなく適切な貸与額を選択させるための指導、返還意識の涵養、返還が困難になった際の救済措置に対する理解を深める等、在学中の指導を徹底することが何よりも大事」なこと、機構が国民に対して説明責任を果たすとともに、各学校の取組を支援すること、などのためであるとしている。個別の学校の状況の公表は、マスコミ情報によれば「不当な序列化につながる」との反対もあって、当初よりも遅れたらしい。また機構は個別データを一覧表のかたちではなく、個別の学校ごとしか見られないかたちで公表されており、序列化防止というものに対する配慮があるものと思われる。「ここで明らかになる情報は、各学校の一側面を表しているもので、状況を相対的に比較できるものではないことにご注意ください」との機構の断り書きがあるのはそのためであろう。

学位・学歴の経済的価値

ただ、マスコミの関心は強く、ネットでは早速、独自集計によりこれを一覧表のかたちにし、大学別ランキングが公表されている。当然のことながら、奨学金の返還は学生やその保証人の責任であって、仮に大学側に何らかの努力が期待されているとしても、大学が保証人にならない限り、金銭貸借という面では大学に滞納についての責任はない。しかも大学には学生を指導する役割はあるにせよ、卒業した学生に返還を促す権限も義務もない。その公表された記事中にある「責任を負うべきは誰なのか。一義的には借りた学生であることは言うまでもない。しかしその、奨学金制度による受益者は、学生だけではない。それによって授業料を受け取る大学も受益者だ。つまり、大学も延滞問題の責任の一端を担っていると考えるのが自然だろう。」というのは、かなり飛躍した論理であり、悪質な貸金業者でもここまでは言わないだろう。疑問のある向きには、住宅ローンを借りたときに、その住宅を扱った建設業者や販売業者が借り手のローンの返還に、果たして責任を取るものかどうかを考えてみればよい。

但し、返還率の悪さは、卒業生の経済状況を反映していると思われる。つまり奨学金を得て学修を了えた後の就職先やその職種・業種と深い関係があるのではないかと推測される。それは延滞率の高い大学には地方にある小規模私立大学が目立つことからも窺える。このことは、当該大学の教育の経済的価値を、ある側面からではあるが表していることを意味する。大学全入時代を迎えて、大学選びにはより慎重な態度が必要だということも言えるだろう。また、大学は卒業生が得た学位・学歴の経済的価値を高めるためにも、その教育内容や方法さらには教育分野についても、大学経営の見地に立って積極的に見直さなければならないということでもあろう。このような努力が、間接的ながら、奨学金の返還率の向上に資することになるのだと考えられるからである。

（2017年5月15日）

4―5　高等教育の無償化論議
～大学教育の質と効用の観点から

大学進学の経済負担は大きい

先日の衆議院総選挙においては、与野党を問わず、教育の無償化とりわけ高等教育の無償化を選挙公約として挙げた政党が多かった。選挙公約は口約束に過ぎないという一部からの皮肉はさておき、一旦公言したことがらをどう処理するかは、たとえその公約が抽象度の高いものだとしても、やはり今後の大きな政策課題になるに違いない。それと同時に、財源不足の問題もあるのか、骨抜きとしか思えないような解決策が出るおそれがあり、現にそのような動きが見られる。例えば、無償の対象となる大学数を制限するため、これに一定の資格要件をはめたり、給付型奨学金について所得制限をかけたりするという論はそれに含まれよう。

何よりも、現実の高等教育進学が多くの生徒やその親にとって経済的に厳しくなっていることを忘れてはならない。先日私学関係者が集まる研修会で配付された文科省作成とされる資料を見ると、大学の授業料水準はOECD諸国の中で、アメリカ（８２０２ドル）についで日本（５１５２ドル）は高く、また日本について平成元年（１９８９）と四半世紀後の26年（２０１４）を比較すると、国立大学は34・０万円から53・６万円（１・６倍）、私立大学は57・１万円から86・４万円（１・５倍）へと騰貴している。バブル経済崩壊後の就業構造の変化の中で、かつてのような賃金上昇が見込めない雇用者も増えている。とりわけ40～50歳代の世代にとって、子どもたちを大学に行かせるということは、入試の合否もさることながら、経済的にも大変な負担になっているようだ。

その文科省の資料によれば、子供二人を大学まで卒業させるために必要な教育費は、約２７００万円に上るという（小・中・高は公立、幼稚園・大学は私立と仮定）。二人の子供の大学在学中の教育費が可処分所得の7割を超えると表示された図表には愕然とさせられる。そうなれば当然、親の所得が子供の大学進学決定に及ぼす影響は大きいのである。両親の年収が４００万円以下の場合、子供の四年制大学進学率は27・８パーセントであるのに対し、１０５０万円以上の場合は62・９パーセントとある。その差は2倍を超える。このように教育費が多額なことが少子化にも影響している、と文科省は見ているようで、少子化対策のためにも格差の固定化解消のためにも、高等教育への投資が必要としている。

入学定員による進学率上昇の歯止め

さて、教育にかかる経済的負担を軽減することは、おそらく各政党や政策当局だけではなく、国民共通の認識であると思うが、さまざまな要件をしっかりと見極めつつ政策を打つことが必要である。かつて進学率が低かった時代、大学教育を受ける効用というものは、今より遥かに大きかった。それにもかかわらず進学する者が少なかったのは、経済的諸条件に加えて大学教育そのものの機会がいまより遥かに少なかったからである。新制大学制度が整備されて2年目の１９５０年度は、四年制大学２０１校、短期大学１４９校であり、在学者数もそれぞれ22万5千人、1万5千人と極めて少数であった。しかも学生はそれに数倍する志願者の中から選ばれた精鋭であったと推測される。それから65年経過した２０１５年度については、四年制大学７７９校、短期大学３４６校で、在学者数はそれぞれ

２８６万人、13万３千人である。しかも、定員割れ校が大学で４割、短大で７割と言われているから、教育機会は大きく広がっている。

　このことが意味する問題を図表によってご覧いただきたい。縦軸に大学進学の効用、横軸に進学率を示す。曲線ＡＡ（直線も曲線の一種であり、ここでは概念を示すだけなので、単純化）は、大学進学の経済的あるいはそれ以外の要因も含めた効用を示す。進学率が低い時は、学生は少数の選ばれたエリートであり、当然効用も高いであろう。進学率が上昇するに従って、卒業生も多様化し、その将来もさまざまになるだろうから、効用は下降すると考えられる。一方、曲線ＢＢは大学に進学しないことによって受けるメリットすなわち、大学教育にかかる家計負担がない、大学進学者より数年早く就職することによる所得を獲得することができる等の効用を示す。このＢＢも社会の諸情勢に従って上下に変動すると考えられるが、仮に曲線ＢＢが図表のような状況にあるとすれば、曲線ＡＡとＢＢとの交点に該当するＣが現実の進学率ということになるだろう。

図表　大学進学の効用と進学率

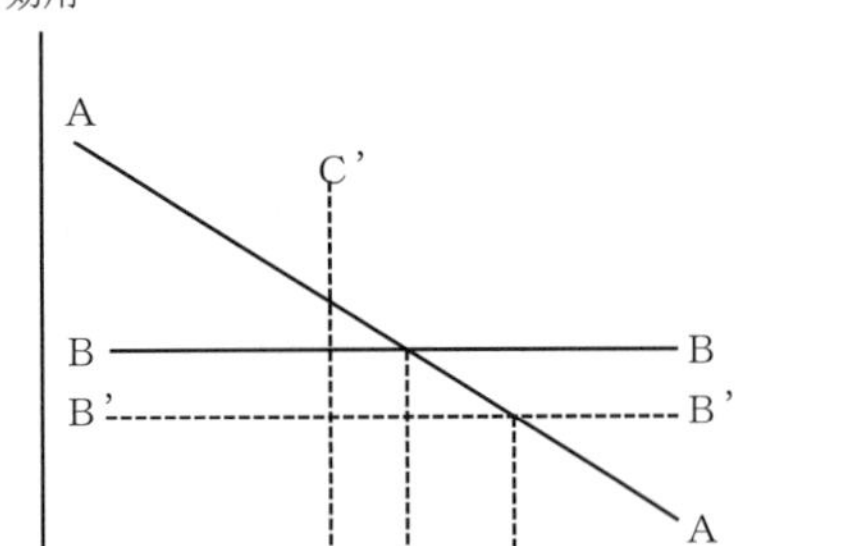

(出典)山本眞一作図
(注) Ａ－Ａは大学進学の効用、Ｂ－Ｂは大学非進学の効用

　但し、２０００年頃までは大多数の大学は定員割れをせず、多くの志願者の中から入学者を選抜することができていた。したがって図表でみれば曲線Ｃ'で表すものがいわば入学定員（若干の水増し入学者を含む）と言うべきもので、大学進学の効用は非進学の効用に比べてまだまだ高い段階で入学

者数が制限されていた。いわゆる受験地獄問題はこのような背景において起きたものと考えられる。その時点での進学率はC'で表す水準である。ここでの学生に対する経済的支援は、優秀な人材に援助する育英的な性格を持っていたことであろう。ところが今は多数の大学・短大が定員割れという状況であり、入学志願者の大半がさまざまな方法の入試で入学できるようになった。したがって、進学率Cは志願者が考える大学進学の効用と非進学の効用がまさに均衡する点になっていて、これ以上大学が進学率を上げたくとも、非進学による効用の制約があって上げることができないものである。近年の大学進学率の横ばい状況は、このことを示す傍証である。

無償化と容易な入学が生む進学率上昇

ここで、高等教育無償化が何らかのかたちで実現したとしよう。そうすると、今まで大学非進学の効用に含まれていた授業料等を払わなくてもよいという要件が外れることになるから、大学非進学の効用はそのレベルを下げることになり、曲線B'B'と曲線AAが交差するC"が新たな進学率ということになる。つまり、高等教育無償化の政策は、定員割れで入学が容易になっている現状では、より多くの若者に大学進学へと向かわせるだろう。当然、奨学金も育英というよりも奨学という要素が強くなる。

このことは、しかし大学教育の質の維持という点ではさまざまな問題をはらんでいる。例えば、高等学校のカリキュラムを十分消化しきれていない学生を受入れることは是か非か。これは高等教育の目的をどのような視点で捉えるかによって、答えは分かれることではあろうが、近年大きな課題になっている学生の学力低下問題にさらに一石を投じることは間違いあるまい。その意味で、無償化対象の大学数を制限するという発想にも一定の合理性がある。

終わりに、所得連動型奨学金について感想を述べる。オーストラリアに好例があるとして、これを推奨する動きが強まっている。財源問題を心配する政策当局からしても、純粋無償ではなく、いわば出世払いで返還される奨学金であるとすれば、抵抗感も薄いであろう。但し、政策あれば対策あり。オーストラリアでどう運営されているか細かくは承知しないが、借金返済を逃れたいのはいずれの国民も同じで、時には倫理上の一線を越えて行動する人々がいる現状を考えると、果たして返還はスムーズに行われるものなのか？　また、奨学金の返還猶予を受けられる所得額より低い給与水準が設定されてしまうことはないのか？　それは経済の好循環を阻害し、経済成長にも悪い影響を及ぼすことであろう。学生や社会に弊害のない制度設計を望みたい。

（２０１７年12月11日）

4―6　忘れられた半数の人々～非大学卒業者との共生

米国の報告書を読み返す

2月、3月は大学にとって入試の大事な季節である。昔のような学力一本の試験ではなく、推薦、AOなど多様な方法で、しかも年に何回も実施するのが最近の状況である。しかし、定員割れの大学はこの時期のラストスパートがモノを言うし、また定員を十分に確保できる大学も、定員超過のペナルティーが年々厳しくなり、合格者数と入学者数の差異に気を遣わねばならない。一体、高校生のどれほどが大学を目指しているのだろうか。昨年の学校基本調査によれば、大学・短大進学率は57・9パーセント、うち現役での進学率は54・8パーセントである。したがって、若者10人のうち少なくとも4人以上は、大学以外の進路つまり就職や専門学校進学などの途を選んでいることになる。

考えついでに、書架に一冊の本があることを思い出した。私が平成の始め頃に買い求めた米国の研究グループの報告書で、タイトルには「The Forgotten Half」（忘れられた半数の人々）とあり、「米国の若者と若い家族の成功への道筋」という副題がついている。1988年の刊行であるから、私が米国NSFで仕事をしていた1988―89年のアメリカ社会と二重写しになって、興味があったのである。報告書によれば、当時およそ半数の若者は大学に行かずに、建設現場、交通機関、工場の生産ラインなどでの作業に従事することで、米国社会の生活のさまざまを支えているにもかかわらず、彼らの雇用は不安定でかつ賃金は安い。将来に対する可能性が大卒者に比べて極めて限られており、彼らに対してさまざまな社会政策が必要であるが、とくに大学で学ぶための有効な援助が必要である、との主張が書かれてある。

周知の通り、米国は世界に冠たる学歴社会であるから、その度合いの小さい日本に比べて、大学教育を受けられるかどうかが彼らの人生を大きく左右することになる。その後、大学教育はさらに普及し、比較的安価な学費で学べ、かつ四年制大学への編入が可能なコミュニティー・カレッジへのアクセスは容易になった。だが恵まれない階層の若者にとって、コミュニティー・カレッジを修了することは簡単ではない。この新たな問題に焦点を当てた続編の研究報告書が２０１５年に出ている。「The New Forgotten Half and Research Directions to Support Them」というものであるが、コミュニティー・カレッジの高いドロップアウト率は、あたかも日本における学生の学力低下問題や中途退学問題のさらに先を見るかのようである。もっとも学位の価値を維持するためにはドロップアウトもやむを得ずと考える米国と、学生定員確保を理由にドロップアウトを少なくしたいと考える日本とでは事情が違うのかもしれない。

その報告書によれば、２００４年に高校を卒業した者の86パーセントがその後の８年間に大学進学を果たしている。うち四年制大学に進学した者の３分の２は学士かそれ以上の学位を取得しているのに対し、コミュニティー・カレッジ進学者の場合は、准学士・学士あるいはそれ以上の学位を取得した者がわずか３分の１強に止まるという。ちなみに日本の場合、２０１２年度の文科省調査によれば大学の中退率は２・65パーセント、休学率は２・３パーセントとのことである。

大学卒と非大学卒との分断

昨年（2018年）末、日本経済新聞の「やさしい経済学」欄に、大阪大学の吉川徹教授が「学歴と人生の格差」と題する興味深いテーマで9回にわたる連載記事を書いておられた。その連載の1回目のサブタイトルは「現役世代の過半数は非大卒」とあって、20歳から60歳までの現役世代の人々の学歴分布は大卒以上と高校・専門学校卒までの非大卒とがおよそ半々であると述べている。「大卒学歴のプレゼンスは思いのほかに小さい」、「ビジネスとして一般市場向けの商品やサービスを開発・販売する場合などは、ゆがみなく社会の姿を捉えなければ」ならない、と同教授は結んでいる。その後の連載で、「大卒と非大卒に分断」、「学校は格差生成装置」、「若い非大卒層に不利な状況」、「非大卒層、外国人労働者と競合」、「都市と地方の分断に重なる」など、大変刺激的しかし重要なテーマが続いた。さらに今年に入って、日経の大林尚上級論説委員が2月4日付けの新聞で、吉川教授の連載に触れつつ、今はまだ欧米ほどに大卒者と非大卒者との「分断線」は深刻ではないものの、社会のグローバル化の中での知的エリート層と地域密着型の多数派（多くは非大卒者）との分断を避けるために、地域密着型人材への配慮が必要なこと、政権が意を用いるべきは彼らのための雇用政策の改善である旨が述べられている。

日本では、学歴による所得格差はかつて小さいと言われていた。むしろ入職した企業による生涯所得の格差が大きいとされ、大学を出て霞が関の官僚になるより、高卒で都市銀行に就職する方が給料はいいという論を見たこともある。しかしそれは、終身雇用の恩恵あってのことであった。現在のように非正規雇用の割合が増加し、それが大卒者よりも非大卒者に多いとなれば、何らかの配慮をしなければならない。かつては親より高学歴を目指すということが当たり前であったようだが、今は親が非大卒なら子供も非大卒というケースが増え、階層間の分断が進みつつある。さらに、学歴による分断は職業のみならず、文化的嗜好や結婚、政治的意見の相違など、さまざまな局面に表れているという研究も散見されるようになった。

両者の共生に配慮を

考えてみれば、大学関係者は多くの大卒者に囲まれて仕事をしている。現役の学生はやがて大卒者となり、教員の多くは大学院を出ている。事務職員の多くも高卒者から大卒者に入れ替わりつつある。共同研究相手の企業関係者も、審議会等で関係のある官公庁の担当者も大卒者であるなど、普段の仕事で接する相手の多くがそうである。しかし一歩大学の外に出ると、多くの非大卒者に取り囲まれていることに気づくであろう。その多くの人々に支えられて大学は地域社会に存在し、かつ貢献できるのだと思えば、決して疎かにはできない現実があるのである。

ちなみに国勢調査では10年に一度、国民の学歴水準について扱っている。最新は2010年のもの

図表　都道府県別15歳以上人口に占める高等教育修了者の割合(%)

1	東京都	48.5	25	三重県	26.5
2	神奈川県	44.0	26	栃木県	26.4
3	千葉県	38.4	27	岐阜県	26.4
4	奈良県	37.5	28	宮城県	25.7
5	埼玉県	36.5	29	山口県	25.6
6	京都府	36.4	30	鳥取県	25.4
7	兵庫県	35.8	31	北海道	25.1
8	広島県	35.7	32	福井県	25.1
9	大阪府	35.2	33	和歌山県	24.9
10	愛知県	34.2	34	熊本県	24.2
11	滋賀県	32.8	35	大分県	23.7
12	福岡県	31.4	36	高知県	23.4
13	香川県	29.9	37	佐賀県	23.1
14	山梨県	29.5	38	島根県	23.0
15	石川県	29.3	39	鹿児島県	22.9
16	富山県	29.0	40	新潟県	22.5
17	長野県	28.9	41	長崎県	21.9
18	沖縄県	28.4	42	宮崎県	21.3
19	岡山県	28.0	43	福島県	20.7
20	静岡県	27.9	44	山形県	20.0
21	愛媛県	27.4	45	岩手県	20.0
22	徳島県	26.9	46	秋田県	18.4
23	群馬県	26.7	47	青森県	18.3
24	茨城県	26.6		全国	32.2

(出典)国勢調査2010年

であるが、図表に示すとおり、高等教育を受けた人口割合は全国で32・2パーセントである。但しこの高等教育の中には、専門学校が入っているので、吉川教授の連載とは一致しないことに留意してほしい。それでも人口に占める高等教育修了者は意外に少数であることに驚く。また都道府県別に大きな差異がある。地方で育った若者も、進学先の関係で県外に出る傾向があるので、該当する県では高等教育修了者の蓄積が少ないのであろう。都市部の大学の入学を抑制すべきというのが、政府の考えのようであるが、地方と都市部との格差は高等教育機会に止まらず、経済・社会・文化のすべてにわたるので、問題解決は容易ではない。しかしどのような学歴を有する者であれ、社会における共生が必要なことだけは間違いがないのである。

（2019年2月25日）

4―7　学生生活と費用～家計負担の重圧を超えて

数百万から数千万円の投資に

間もなく新年度。今回、入学試験を受けて合格を得た学生にとっては、4月から一年生としての大学生活が始まる。「希望に胸ふくらませて」というのがタテマエとしての文章表現なのであろうが、学生の親の立場からすると、心境はなかなか複雑なのではあるまいか。私学事業団のデータによると、２０１７年度の私立大学（学部）の初年度納付金は１３３万円で、国立大学（学部）のそれが82万円であるのに比べ、50万円も高い。しかも私立大学は学問分野によって納付金が大きく異なり、文・法・経済などの文系では１１５万円前後であるのに対し、理・工では１４７万円、芸術では１６４万円、医学部に至っては平均でも５０４万円とある。選ぶ学問による差異は極めて大きい。まさに大学教育は人生の一大投資、4年間（医学分野は6年間）の学士課程教育だけでも数百万円、場合によっては数千万円を超える金額は、個人としては住宅購入以外には見当たらないだろう。しかもこれらの資金は、学生本人というよりは、その保護者つまり多くは親であろうが、彼らの家計に重く圧し掛かるものである。奨学金を借りる者が増加の傾向にあるが、それも無理からぬところである。しかし、奨学金の額も昔に比べると大きくなり、逆に大学を卒業しても経済的に恵まれるとは限らない。借りた学生本人が返済不能に陥れば、連帯保証人がその責を負わなければならないから、昨今新聞紙上を騒がせるような問題も起きる。

ところで具体的には、大学に通うためにどれほどの資金が必要になるのであろうか。ネット上にはさまざまな情報があふれているが、その中で最も信頼できるのは日本学生支援機構による「学生生活調査」であろう。この調査は２００２年度までは文部省（文科省）が直接行っていたものを平成16（２００４）年度からは同機構の発足に伴い、受け継がれたものである。全国の約3百万人の大学生・短大生・大学院生の中から10万人ほどを抽出しての実施である。最新の平成28（２０１６）年度の調査によれば、大学生（昼間部）の平均年間収入は１９７万円、その内訳は家庭からの給付が１１８万円、奨学金が39万円、アルバイトが36万円、その他収入が４万円である。また大学生の平均年間支出は１８８万円、その内訳は授業料などの学校納付金、修学費、課外活動費、通学費などの学費が１１９万円、食費、住居費、娯楽などの生活費が69万円とある。これはあくまで平均であり、学部や居住地、居住形態によって大きく異なるのは周知のことだから、これについては後で述べる。

親は月20万円超の負担も

いずれにせよ、50年ちょっと前に私が国立大学に入学し、その折大学の寮（14人で一部屋の学習室、寝室は７人部屋が二つ）に入居していたとき、親からの仕送りが年間12万円、日本育英会からの奨学金が一般と特別を合わせて年間９万６千円であって、都合20万円余りのお金でアルバイトなしに生活が成り立っていたことを思うと、今の学生が要する費用は生活費だけでも約10倍、学費を合わせると20倍近くにもなっていることには、まさに時代の変化というものを感じる。

さて、大学の設置者、居住形態、居住地の違いによる費用の差異は大きいと述べたが、実際にはどの程度の開きがあるのであろうか。本来は学部別にも大きく違うのが私立大学進学の差異の常識だから、そちらにも触れるべきであろうが、本稿ではとりあえず学部間の違いは取り扱わないことにする。**図表**は、前述した日本学生支援機構の学生生活調査（２０１６年度）のデータからいくつかのものを選んで編集したものである。一見して、居住形態と大学の設置者別に大きな違いがあることが分かる。

まず収入の金額と内訳についてである。金額的には自宅から国立大学に通学する学生が一番低くて１２０万円、一番高いのが下宿・アパートから私立大学に通う学生の場合が２５６万円と２倍以上の開きがある。その開きの大きな要因は、家庭からの給付の違いにあることが数字上も確認できよう。

図表　居住形態別収入並びに支出の内訳（大学昼間部）（年間・円）

	自宅			学寮			下宿・アパート		
	国立	公立	私立	国立	公立	私立	国立	公立	私立
（収入）									
家庭からの給付	627,900	557,100	1,020,100	746,600	842,600	1,440,600	1,177,000	982,600	1,727,800
奨学金	202,000	259,200	376,700	434,900	353,000	576,400	334,200	420,200	447,500
アルバイト	330,200	377,100	400,600	280,000	203,700	178,100	291,700	348,200	332,600
定職収入・その他	37,000	28,100	42,800	20,400	32,000	35,600	39,400	34,800	55,000
計	1,197,100	1,221,500	1,840,200	1,481,900	1,431,300	2,230,700	1,842,300	1,785,800	2,562,900
（支出）									
学費	699,600	711,000	1,342,800	539,300	609,400	1,340,500	623,200	629,000	1,403,200
生活費	390,500	390,100	416,600	816,900	704,900	875,000	1,120,300	1,045,600	1,089,300
計	1,090,100	1,101,100	1,759,400	1,356,200	1,314,300	2,215,500	1,743,500	1,674,600	2,492,500
（居住地別支出額）									
東京圏	1,157,300	1,142,900	1,847,300	1,709,700	1,545,000	2,189,200	1,938,400	1,925,900	2,657,900
京阪神	1,092,400	1,128,700	1,728,000	1,506,500	1,273,300	1,777,300	1,920,900	1,812,800	2,336,700
その他	1,077,100	1,091,400	1,661,800	1,293,700	1,320,700	2,375,900	1,710,100	1,653,200	2,388,900
全国	1,090,100	1,101,100	1,759,400	1,356,200	1,314,300	2,215,500	1,743,500	1,674,600	2,492,500

（出典）日本学生支援機構「平成28年度学生生活調査結果」に基づく筆者の編集

自宅で国立大学通学の場合、親たちは63万円の負担であるから月に直せば5万円強で済むのに対し、下宿・アパートで私立大学通学の場合は256万円、月に直せば21万円である。後者のような金額だと、親の気持ちとすれば、住宅ローンの返済額に匹敵するような負担であり、これにどのように耐え抜くか、さぞかし頭の痛い話であろう。

数値の裏に隠れた事情も

しかし、それでも足りない生活費は、奨学金やアルバイトで賄うことになる。図表を見ると、奨学金は学寮居住者が多く、またアルバイトは自宅通学者が多く、下宿・アパート、学寮の順に少なくなっていることに気づく。学寮居住者の奨学金受給額が多く、アルバイトが少ないのは、最初から生活費を節約しつつ学習時間を確保しようとする学生の生活態度に要因があるのかもしれない。但し、このことはさらに検討を要する仮説である。また、本来ならばより多くの収入を必要とする下宿・アパート居住者のアルバイト収入が、国立や私立の学生の場合、自宅通学者よりも少ないのは、個人的には大変興味をそそられる数値である。

実は、数年前学内でセミナーを行った折、私の勤務校の学生のアルバイト時間は、地方出身者よりも自宅通学者の方が多いという事実を知ったことがある。生活費のためにより多くの収入を必要とする地方出身の学生よりも、もとから地元にいる学生の方がアルバイト時間の長いのはなぜかということを考えると、いくつかの仮説が浮かびあがる。一つは、生活費を稼ぐためか、娯楽・交際費や学習活動費（留学を含む）を稼ぐためかというアルバイトの目的、二つはアルバイトの職につくための人的ネットワークの多い・少ないによる差異、三つは大学で学習する目的や将来目指す進路の違い、などである。いずれも精密な検証が必要なもので、軽々に結論づけることはできないが、私の個人的経験から言うと、二つ目の仮説を検証してみるのも興味深いことである。なぜなら、50年前の学生アルバイトで人気のあった家庭教師の口は、圧倒的に自宅通学者が有利であって、その人脈の恩恵に預かることが少なかった私には、家庭教師の機会を探す際の見えない壁のように思えたからである。私がアルバイトなしで清貧生活を送っていたのも、一部にはそのような理由であったと覚えている。

日本学生支援機構の調査には、居住地別の生活費の差異も出ている。ここでは図表のように東京圏（東京・千葉・埼玉・神奈川）、京阪神（京都・大阪・兵庫）とその他の三つに分けられているが、一見して東京圏の生活費の高さが目につく。私立大学で下宿・アパートの場合の２６６万円という金額が果たしてどのようなものか、学生それぞれの事情によって大きく異なるであろうが、学寮居住や自宅通学との差異を考えると、多くは住居費の違いによるものと思われる。学生の生活費の問題は、国民全体に及ぶ住居費とりわけ東京圏における高い家賃の問題と深く関わるものなのだと改めて思う次第である。

（２０１９年3月11日）

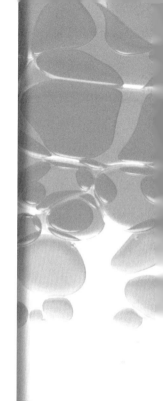

第5章

大学教育の機能変化

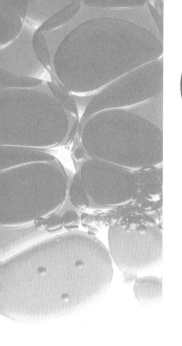

5—1　実践的職業教育に思う

実学と虚学の議論を通じて

昨今の大学教育に対する世間の関心の一つに、「大学教育は役に立たない、とりわけ文科系のそれが問題だ」というものがある。その源流は相当以前に遡るものと思われ、おそらくここ数十年にわたって指摘され続けてきたものであろう。私自身もこの連載の中で、8年前の2007年3月（本誌第167号）に「実学と虚学〜大学教育の一つの側面」という題で執筆したことがある。ここで言う「虚学」とはアカデミックな純粋学問であり、「実学」というのはそれに対して、職業教育を含め、実社会での活用可能な学問のことであった。詳しくは、その記事を参照いただきたいが、最近購読を始められた方々のために、その概念を図表として再掲しておこう。

これによると、ヨーロッパで誕生した伝統的大学において、哲学や数学など抽象的で高尚な学問が教えられてきて、世俗的な職業教育は大学レベルのものも含めて、大学以外の場で扱われてきた。前者は「虚学」の典型であり、後者はいわゆる「実学」に含まれるものである。「虚学」という用語には、別に悪い意味があるのではなく、数学で言う実数と虚数の区別に倣って、科学史研究の世界で活躍された中山茂先生が造語されたように記憶している。

我が国では、明治期から国家発展には実学が大事であるという意味もあって、福澤諭吉の「学問のすゝめ」の記述はもとより、帝国大学にも当初から、法学・医学・工学の三つの実学分野の分科大学が置かれ、それらは文学や理学などの虚学分野よりもむしろ上位に位置づけられていたのは面白いことである。遥かに遅れて、英国では1990年代に旧来の大学と技術教育を行うポリテクニクを合わせて一つの大学制度としたことを考えても、我が国には実学を大事にする風土があったと考えるべきである。

しかしながら、すべての学問分野には虚学と実学の両方の要素も含まれており、その塩梅によっては、実学であっても役立たずと批判され、虚学であっても逆のケースがありうる。図表で表現した真ん中辺りの学問分野、とりわけ教育学や他の社会科学においては、文系教育批判と相まって、その有用性や社会のニーズへの対応について、しばしば取沙汰される学問分野である。

職業教育をどう位置付けるか

他方、学問分野とは別に、大学でこれまで教えられてきた教育には、教養教育、専門教育そして職業教育という区分がある。現実の大学教育は、分野によって異なるが、文系においては主として前二者の組み合わせ、理工系や医学・医療系ではこれら三者の組み合わせで行われてきたわけである。とりわけ国家資格が職業と結びついている医

図表　実学と虚学

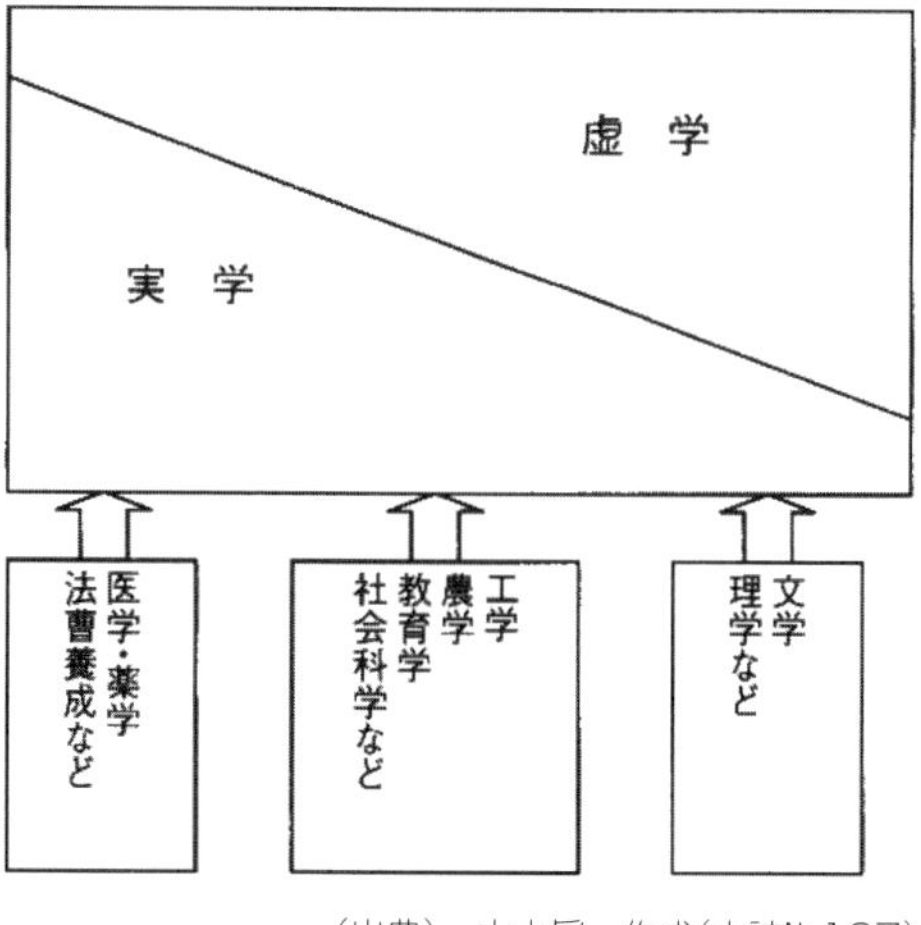

（出典）　山本眞一作成（本誌No.167）

学・医療系では、高度な専門職業教育の果たす機能は大きい。

ここで注意すべきは、教養教育と専門教育との区別だけではなく、専門教育と職業教育との区別も必要だということである。なぜなら、専門教育というのはそれぞれの学問分野の内容や教育の必要に応じて教えられるのに対して、職業教育は実際の職業を前提とし、あるいは現実の職業資格に即して教えられるべきものであるからである。したがって、専門教育は実学としても虚学としても成り立つのに対し、職業教育に虚学はあり得ないと考えるべきである。しかも、専門教育と職業教育とを比べると、その是非はともかくとして、前者は主として高等教育の世界で扱われ、後者については中等教育を含めて多様なレベルのものとして取り扱われてきた。

例えば、現在は専門高校と呼ばれている高等学校の一群は、かつては職業高校と呼ばれ、私も一時期その行政に関わったことがあるが、高校卒業後の生徒の進路に応じて、農業、工業、商業、水産、看護、家庭などの学科に分けて実践的な職業教育を行い、普通科高校とは別途のカリキュラムが編成されていた。その後、大学進学率の上昇や産業構造の変化などに伴い、徐々に職業教育的要素から専門教育的要素へと重点が移り、今日のような姿になっている。また、以前は各種学校と呼ばれていた学校で、さまざまな職業教育が行われていたが、その中から高等教育レベルのものを区分して、専修学校専門課程（いわゆる専門学校）として制度化されたのは１９７６年のことで、以来、高等教育の多様化に大きく寄与してきた。

さて今日、職業教育のあり方が再び大きな話題になっている。それは、今年3月、文部科学省に置かれた有識者会議が「実践的な職業教育を行う新たな高等教育機関の創設」についての審議まとめを公表したからである。しかもこれは、高等教育の多様化に止まらず、既存の大学等と比肩するものとして位置づけようというのである。その理由として、現行の大学制度は、学術研究の進展という使命を担っているがゆえに、専門職業人養成機能への比重拡大には限界があり、短期大学は修業年限が短いところに難があり、専門学校はその柔軟な制度的特徴から、教育の質が必ずしも保証されたものとはなっていないからであるとする。

文系分野の縮小の是非は

現在、この問題の審議は中教審におかれた特別部会に委ねられているので、その推移を見守ることとしたいが、有識者会議における審議の過程で、G型大学・L型大学として、極めて実践的、かつ従来の大学の目から見ると次元の低い教育システムが、ある委員から提言され、多くの大学関係者の反発を招いている。しかしながら、私の見るところ、大学進学者の多様化に従い、従来タイプの大学教育すなわち教養教育と専門教育の組み合わせだけでは、たとえ実学化を目指したとしても、それだけでは対応しきれない教育ニーズが生じるのは、半ば必然である。既存の大学に比肩する、と大上段に構えてしまったので審議は難航するのではないかと思うが、何らかのかたちに落ち着くように調整せざるを得ないのではないか。

この間、6月8日に文科省は「国立大学法人等の組織及び業務全般の見直しについて」という大臣決定を行い、国立大学法人等に通知している。その中で、「教員養成学部・大学院、人文社会科学系学部・大学院については、（中略）組織の廃止や社会的要請の高い分野への転換に積極的に取り組むよう努めることとする」として、各大学の取組を求めている。これが公表されるや、大学関係者から文系分野の縮小であるとして、反発が広がっている。私もまた、性急な縮小策は国立大学の役割・機能から考えて適当とは思わない。むしろ、大きく見直しをして、職業教育重視への転換を含めて改善・改革を要するのは、マス化が著しい私立大学の文系分野なのではないか。しかし、それも容易でないことは、私が本誌第３５８号の連載記事で書いたとおりである。この複雑極まりない問題を分析するには、今回の紙数は不足であるので、いずれ稿を改めて論じたい。

（２０１5年7月13日）

5―2　大学と英語～その望ましい関係は

英語学習にまつわる思い出は

我々日本人が、中学校や高校そして大学で学ぶ際、そこでの教育にとって切っても切れないものの一つに語学学習すなわち英語学習がある。私のように団塊の世代に属する者にとって、英語は中学校1年生から始まり、私の通った中学校では「Jack and Betty」とタイトルの付いた教科書で、「This is a pen.」なる英文を最初に習ったと記憶している。あまり実用的な言い回しのように思えないが、それでも小学校では経験しなかったような新鮮な刺激を覚えた。音楽と同じように細かい罫線の入ったノートを買ってもらい、これにアルファベットを筆記体できれいに、かつ速く書く練習もさせられた。また、英語で物事を伝えるためには発音が大切だからと、辞書に表記されている発音記号の読み方を集中的に教えてもらったのも、つい昨日のような気がする。ただ、聞くところによると、現在は筆記体も教えなければ、発音記号も必ずしも教えなくても良いらしい。会話重視と言いながら、発音の基礎を学ばなくても大丈夫だろうか？

高校英語はいわゆる受験英語で、文芸作品にありがちな、何層にも重なる言い回しを、まるで漢文でも読み解くように、後ろから前へ向かって「訳し上げるのだ」と教師が繰り返し言っていたのを今でも覚えている。本当に英語感覚を身につけるには、訳し上げは論外で、頭から読んで理解しなければ到底実用には耐えないのに、受験英語というのは罪作りなものである。また、受験に必要だからといって、生活感覚の無い英単語をたくさん覚えさせられたことも今ではなつかしい思い出である。単語集を買うとアルファベット順だと最初に出てくる単語は「abandon」（放棄する）であり、自然と頭の中に入ってしまったが、私の記憶ではこれが教科書や試験問題の文章で出てきたためしがなかった。ただ、海外旅行に出かけると、税関申告で持ち込めない物品はabandonせよと言われるそうだから、案外実用的な英単語であったのだといまさらのように思う。

厳しい受験競争を潜り抜けて大学に入学すると、外国語（英語）は必修とはいえ、その学習は全く異次元のものとなる。私の通った大学では、一般教育としての英語は、語学としてあるいはコミュニケーションの手段として教えられるものではなく、あくまでその内容を論じるというものであり、多くは文学や哲学の作品の鑑賞や読解のようなものであった。1頁に何箇所も辞書を引かないと分からないような単語があり、今のように電子辞書などあるわけがないので、分厚い辞書と格闘しながら読み解いていく、そして授業では教授たちが、一回の講義で数ページというゆっくりしたペースで講釈をするというスタイルの学習で、期末の試験では習った教材の文章の一部が示され、これを和訳せよとの出題があり、それを記憶のうちから一気に吐き出せばあとはすっかり忘れ去るのみ、というはなはだ効率の悪いものであった。

実用英語への指向が強まる

私の専攻は法律学であるから、英語に関してはそれ以上の学びはなかったのだが、大学院に進学しようとする者であれば、もう一つの外国語、例えば独語や仏語も使いつつ、外国語で書かれた専門書や論文を読まねばならないから、さらに英語と格闘することになったのであろう。実際、文部省から大学に移ってから知ったことだが、教育学の大学院でも相当しっかりと外国文献を読まされた人たちが高等教育研究の世界に入ってきているのであった。そのような意味で、英語は研究活動のツールとしても必要不可欠なものの一つであることを、人生の大分後になって実感した次第である。

さて今、我が国の英語教育は中学校から大学まで長時間かけて実施しているのに、さっぱり効果がない、とりわけ会話能力が育たないという強い批判がある。もっともその批判は今に始まったものではなく、ずっと以前からあって、そのたびに英会話ブームのようなものが起こり、実際、日本人ほど英会話学習が好きな国民は他に例を見ないとの指摘もあるくらいだ。このため、早期学習が効果的だとして、小学校でも教えられ始めているし、世間では幼児に英語を学ばせることも、他のお稽古事とならんで盛んになりつつあるという。また、大学でも英語の中身を学ばせるというよりは、いわゆる語学教育をやって英語の使い方、とりわけ会話能力の向上をウリにする大学も増えてきている。TOEICをはじめ英語検定も盛んに行われ、どういう利権が潜んでいるのか分からないが、最近ではTOEFLへの指向が強まっている。また、それらの英語教育の新しい傾向は、昨今流行のグローバル化と関係があるらしい。

グローバル化は非常に奥が深い概念であり、単にスーパー・グローバルスクールやG30などの競争的資金に応募してこれを獲得するだけにとどまるものではない。ましてや、留学生を増やしたり、英語のみで卒業できるコースを置いたりすれば、これがグローバル対応であると言えるものでもない。グローバル化は、高等教育の世界にとどまらず、広く政治・経済・文化の諸側面に関わるものであって、知識基盤社会化と並んで、21世紀の世界秩序そのものに深く関係している。したがって、それぞれの大学がグローバル化に対応した教育を行い、所要の人材を育てるということがどのような意味合いを持つのか、そしてそれに英語教育がどのように関わるか、ということは単に役に立つ英語を教えれば済むという次元を遥かに超えるものなのだと思う。

行き過ぎた英語化への批判も

これに関して、最近興味ある本を読んだ。九州大学准教授の施光恒氏が書いた『英語化は愚民化〜日本の国力が地に落ちる』（集英社）である。氏は、英語化を進める大学に補助金を出すなど、日本社会を英語化する政策を「暴走」と批判し、英語化によって「知的な活動を日本語で行ってきた中間層は没落し、格差が固定化」する、また「多数の国民が母国語で活躍してこそ国家と経済が発展するという現代政治学の最前線の分析を逆行する」ものとして、これに警鐘を鳴らしている。本の帯に「英語化政策で自ら『植民地』に」なると書いてあるのもきわめて刺激的である。

確かに、我が国の明治以来の近代化戦略は、当初は外国に全面的に頼り、大学教育も外国語で教えざるを得ない状況であったが、順次国産化を進め、日本人教員が日本語で教えられるような体制を整備することにあった。同時に、和魂洋才に則り、翻訳を盛んにすることによって外国の文物を導入することにも熱心であった。その傾向は今日に至っても続いており、また翻訳文化については批判のあることも承知しているが、英語環境を格段に整備することによって、果たして英米に太刀打ちできる高等教育システムを整備できるか、と問われれば私自身も躊躇せざるを得ない。

読者の皆さんにはさまざまなお考えがあるだろうし、この本の主張がそのまま多くの人々に受け入れられるかどうかは分からないが、少なくとも、我が国では日本語によって高等教育のすべてを賄い、これによって少なからず科学技術の成果を生み出し、また世界に通用する人材をある程度輩出し続けてきたことは確かであろう。かつて欧米の植民地となった国々では、未だに宗主国の高等教育に頼らざるを得ず、エリート層と大衆層との分断に苦しむことが多いと聞く。この教訓をどのように読み取るのか、この本は厳しい指摘を我々に突きつけているし、大学における英語とその教育のあり方についても、今一度深く考える必要があるように思う。

（2015年9月14日）

5―3　大学の真の危機とは～年の終わりに考える

ボールを返せない大学

今年も間もなく大晦日。この一年も、大学を含む高等教育界には数多くの激震が走った。改正学校教育法の施行や、大学の文系分野の見直しを巡る熱い論議を含め、これまで大学関係者が大切に守ってきた「大学の本丸」に迫る改革要求が、大学の外から声高に叫ばれるようになった。一世代昔であれば、大学にまつわる諸問題はすべて政治が悪い、役所が悪いで済まされてきたものが、今や悪いのは大学であるとして、世の中の矛盾の多くを大学が引き受けることになってしまった。文部科学省は、官邸や産業界からの強まる圧力を、うまく大学に転嫁することに成功しているようだが、大学は受け取ったボールを返しあぐねて、困惑の中で年の瀬を迎える羽目に陥っている。

一方、大学を巡る外部環境はいよいよ厳しさを増すばかりである。18歳人口はここ数年ほぼ横ばいの状況で推移しているが、2018年問題とも言われるように、間もなくこの人口は下降局面を迎え、その後の回復の見込みが立たないまま、未来に大きな不安要素を抱えることになる。海底散歩で大陸棚をさまよっているうちに、段々日本海溝の深い闇が眼前に迫ってきているかのような状況である。また、長引く不況（というよりは、産業構造・雇用構造の大変化）によって、一部の企業や経営者が潤う一方で、多くの人々の所得は減少傾向にあり、とりわけこれまで大学生の最大の資金源であった家計の授業料負担能力は、著しく低下しつつある。近年、授業料が払えなくて退学に追い込まれる学生数が増えていると聞くが、それもこのようなマクロの経済変化が原因であろう。

しかし、大学にとって最大の危機要因は別のところにあると、私は考える。それは大学の人材選抜機能の劣化である。周知の通り、これまで我が国の大学が大学としての権威や効用を保ってきたのは、入学定員より遥かに上回る受験生を対象に、厳しい入学試験によって選抜された学生を教育し、これを世の中に送り出すことによって、産業界から評価を得てきた。受験偏差値に代表されるように、厳しい選抜を潜り抜けてきた学生には、潜在能力に優れたものがあり、卒業時に何らの専門性がなくても就職後の訓練可能性が高いというわけである。また、入学試験に際しては多くの科目について学力試験が課せられてきたので、多くの高校生はこれに備えるため日々勉強に勤しみ、これがさまざまな基礎学力の養成に大きな効果があったことは言うまでもない。例えば、多くの大学生の英語活用能力は入学時が最大であって、後は漸減傾向にあるとも言われているが、これも受験勉強の効果であると同時に、社会が学生のその後の学力向上に大きな関心を払ってこなかったことの証左である。もっともこれらは、主として文系分野を前提とした議論であるので、念のため。

選抜機能の劣化がもたらすもの

大学の人材選抜機能は、戦前にそのルーツがある。しかも戦前は卒業する大学によって初任給に格差があり、また非大学卒業者とも大きな違いがあった。明治中期から始まった我が国の戦前期学歴社会は、「立身出世」というキーワードを伴いつつ、戦後しばらくの間まで続いたようだ。その後は、さすがに大学ごとの給与格差という露骨な学歴差別は影を潜めたものの、有名大学から大企業へという一種理想化された人生パスが、折からの大学大衆化の中で多くの人々に共有されることとなった。

そして有名大学への進学熱はいやが上にも高まる結果となり、有名大学に合格できない受験生はその次のランクの大学を目指すという図式ができ、大学は造るほど多くの受験生が集まるという、今の大学経営では考えられないような幸せな時代が数十年続いた。20世紀は「受験の世紀」だと私が主張し続けているのもそのためである。

だが、このような幸せな時代は、90年代には変調を来し、今世紀の始まりとともにその終止符を打った。入学定員を満たしえない「定員割れ」校が急速に増加したためである。大学は少しでも多くの学生を集めようとして、推薦入試やＡＯ入試など従来のような学力試験を課さない試験に切り替え、ある意味で入学試験が著しく容易化あるいは安易化してしまった。受験勉強の弊害についてあれこれ言われ続け、またそれは一定程度真実であったことは認めるが、逆に受験勉強による基礎学力の養成効果が、上位校以外の高等学校から急速に失われてしまったことが悔やまれる。ある調査によれば、上位校以外では、生徒が授業時間以外に学習に費やす時間が激減しているとのことであるが、大学入試がかくのごとく容易化してしまった以上、難関大学や医学部のように国家試験がバックにある分野以外では、厳しい受験勉強をするという選択肢が失われるのは、受験対策としても当然のことである。

根無し草の大学と進学率

かくして、人材選抜機能を劣化させた大学は、いわば「根無し草」の状態であり、やっとの思いで確保した学生をいかに教育して世の中に送り出すか、という大学教育の次元での勝負にその舞台を移さざるを得ない。しかし、これは昨今の文系教育論議に見られるように容易なことではない。その詳細を今ここで論じる余裕はないが、根無し草の大学に新たな根を生やすにはいくつかの課題を乗り越えなければならないからである。

問題を考える際の参考に、**図表**を作ってみた。縦軸に大学進学の効用、横軸に進学率をとり、その中で両者がどのような関係にあるのかを、曲線ＡＡ（直線に見えるが、直線も曲線の一種である。）という形で概念図的に示してある。進学率が低いとき、大学へ進学する効用は大きく、進学率が上がるにつれてその効用が漸減するのは、就職市場における需給関係から考えても頷ける話であろう。また曲線ＢＢは大学進学以外の選択肢を採った場合の効用であり、したがってＡＡとＢＢとが交わるところの進学率Ｃが均衡点ということになる。現実には、知識基盤社会の進行に伴い高等教育へのニーズが上がり、大学進学をしないことによる不利益は増すことが予想されるから、この曲線ＢＢは下方にシフトし、曲線Ｂ'Ｂ'のようになるとすると、新たな均衡点はＣ'ということになる。Ｃを１９９０年頃、Ｃ'を２０１５年時点の均衡点と考えると、具体的なイメージを持つことができるであろう。

しかし、根無し草になった大学は、その進学の効用にも変調を来たしていると考えるのが自然である。なぜなら、大学教育の良し悪しは、入試の難易度の高低

図表　　大学進学の効用と進学率との関係

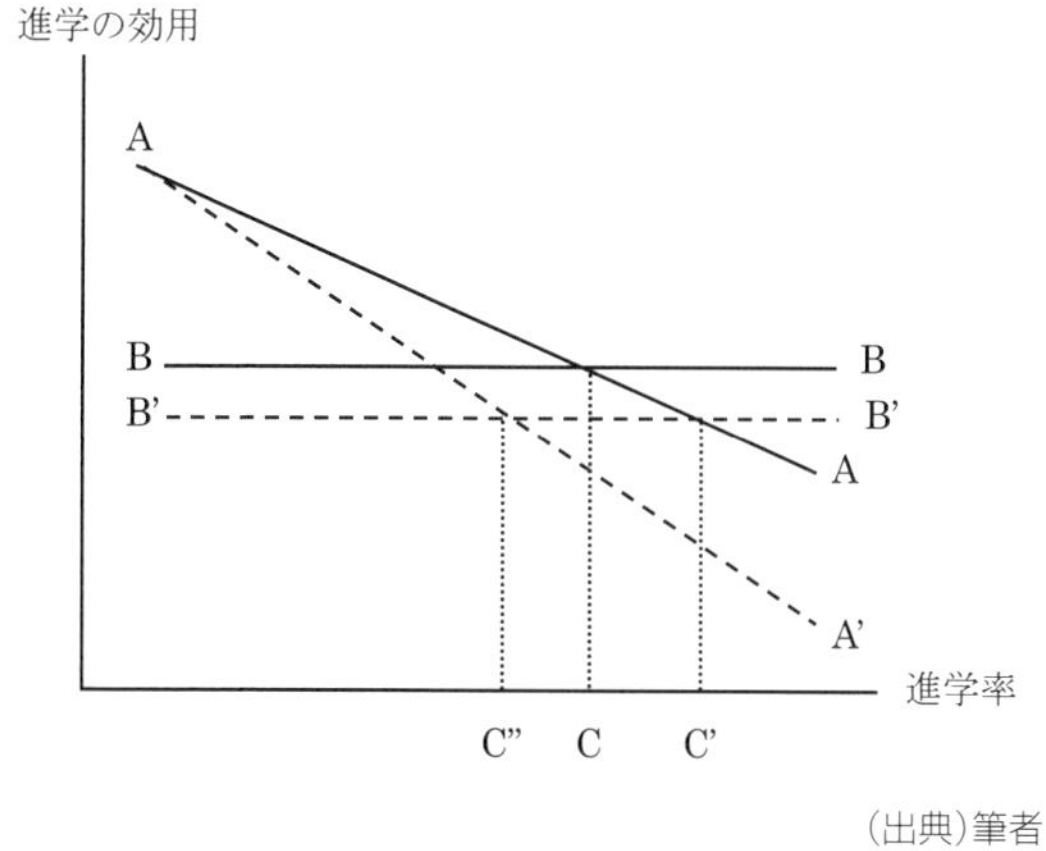

（出典）筆者

よりも判断が難しいので、選抜機能の喪失とともに、効用曲線はＡＡ'のように従来に増して低下すると考えなければならない。新たな均衡点はC''になるはずであるが、現実には進学率がさほど下がっていないのは、人々の意識の中になお過去の大学機能のイメージが残っているからである。やがて人々が大学進学の効用の著しい低下に気がつき、大学進学以外の選択肢（高卒就職、専門学校進学、海外大学留学など）の効用を重視するようになれば、従来通りの教育を続ける大学には、厳しい試練が待っているに違いない。この問題については、いずれ稿を改めて論じることといたしたい。

（２０１５年12月28日）

5―4　クリティカルシンキング～年の初めに当たって

既存の価値観に囚われず

２０１６年の新春を迎えた。今年も大学にとって厳しい年になりそうだが、せめて大学というものの体質を強くする努力だけは、政府や産業界に頼るだけではなく、自律的に続けなければならない。何といっても大学は教育機関であり、学問の府でもあるのだから、いたずらに経営手法や業務処理のノウハウを蓄積するのみでは、経営のための経営、業務処理のための事務に陥り、ますます大学の本質とは離れたものになってしまうであろう。

年初から個人的経験で恐縮だが、数十年前、私がまだ大学の1年生のときにこういうことがあった。私は一般教育で当時必修とされていた第二外国として中国語を選択していた。私の記憶が正しければ、当時中国語を選択した学生は、３千余の入学者のうちわずか54人であり、同じ教室で授業を受ける文一・文二（法学部・経済学部進学コース）の学生は38人しかいなかった。極めてマイナーなクラスで驚いたものであるが、入学手続時に決めた選択をいまさら変えようもなかった。あまりに少数のためか、学年を超えての「中国語クラス出身者名簿」まで発行されていたのだ。現在では、中国語を選択する学生数がドイツ語、フランス語を追い抜いて一番多いと聞くと、まさに今昔の感を禁じえない。

その中国語を担当する教授は、工藤という人であったが、あるとき授業でこのような話をした。「諸君は、今使っている中国語辞典には正しい語義が書かれてあると思っているだろうが、実はいろいろ間違いもある。間違っていると思ったら、遠慮なく出版社に言いたまえ」と。教授の言葉は、それまで辞典に書いてあることは正しいと信じてやまなかった私の心に大きく響いた。つまり教授は、既存の価値観にとらわれず学問をすることが、大学で学ぶ大きな意味なのだと教えたかったに違いない。もっとも、中国語クラスに集う学生は、メジャーな第二外国語を選ぶという当時の優等生的価値観からは自由な人間であったから、このような教えに対する一定の心構えはできていたかもしれないが。

そのような既存の価値観に囚われない態度というのは、近年あちこちで言及されている「クリティカルシンキング」と関係がある。クリティカルシンキングの意味するところは論者によってやや異なるものの、「先入観に囚われず論理的に考え合理的な決定を導き出す能力と意思」(注)と定義しておこう。この言葉にはしばしば「批判的思考」という訳語が充てられるが、日本語でいう批判すなわち他人の言動に対する否定的言説というよりはやや広く、既存の価値観に囚われずに考えるという意味合いが強いので、ここではクリティカルシンキングという用語をそのまま使うことにしたい。

教育改革・改善の手段として

クリティカルシンキングは、もともと米国の教育学において１９３０年代に主張されはじめたとされている。高等教育関係者に馴染みの深いバートン・クラーク教授編集になる「高等教育百科事典」（Pergamon Press、１９９２年出版）を見ると、critical thinking は、抽象的な思考ができること、熟慮に基づいて判断できること、複雑なものを知的に理解できること、などと並んで大学生が身につけるべき能力として出てきたり、学際的な学びや創造的な問題解決力を向上させるカリキュラム改革の手段として出てきたり、いずれにしても教育内容や方法の改革の手段として使われているようである。

我が国においても、1990年代から始まる大学教育改革論議の中で、クリティカルシンキングという用語やそれが意味する概念については、さまざまなかたちで登場してきた。「学士力」で有名な2008年の中教審答申「学士課程教育の構築に向けて」では、学士課程で育成する21世紀型市民の内容に関する参考指針（学士力）として、情報リテラシー、論理的思考力、問題解決力などの汎用的技能が取り上げられており、これらはクリティカルシンキングの目指すところと一致するものである。

また、2012年の文部科学省「大学改革実行プラン」では、大学教育の質的転換と大学入試改革の事項中に、「高校・大学の教育と連動した入試改革、クリティカルシンキングを重視した入試への転換、センター試験の改革」が記述されており、教育改革の手段として重視されていることが分かる。ちなみに、クリティカルシンキングは、高等教育よりも初等中等教育において、より直接的に議論されているようで、現行学習指導要領を解説する文部科学省のウェブサイトには、「他者の考えを認識しつつ自分の考えについて前提条件やその適用範囲などを振り返るとともに他者の考えと比較分類関連付けなどを行うことで多様な観点からその妥当性や信頼性を吟味し考えを深めることとすなわち『クリティカルシンキング』も大切になる」と文部科学省自身が述べている。さらに、学校教育法では、高等学校教育の目標として三つの目標が掲げられているが、その三つ目に「社会について広く深い理解と健全な批判力を養い、社会の発展に寄与する態度を養うこと」（同法51条）とあり、ある意味では大学教育よりも踏み込んだかたちで、クリティカルシンキングについて触れているのが印象深い。但し、目標として掲げることとそれが実践されているかどうかは別物であろう。

知識のみの詰め込みを避けて

　このようにして、学校教育においては単に知識を注入するだけではなく、知識そのものに主体的に向き合い、場合によってはその誤りや運用の改善を指摘できるような能力の養成が、中等教育レベルにおいてさえ求められているのである。大学など高等教育レベルになればなおさらのことであろう。ただ、現実は必ずしもそうではないことは、周知のことである。単なる知識の詰め込みはよくないとされていても、幸いにして学習指導要領がない大学教育においては、資格取得系の教育分野であれば、国家試験合格を目指して一定のカリキュラムを組まなければならないから、どうしても詰め込み教育になってしまいがちである。また、基礎的な学問分野においても、専門としての知識レベルがある程度合意されている理系分野ではそれほどでもないかもしれないが、文系ではこれまでややもすれば教員たちの狭い専門分野における学問のさわりを話しておしまい、せいぜいこれをアクティブラーニングというかたちで、少し学生主体に授業展開を図ろうかという程度で済まされがちであったのではないだろうか。このまま大学教育改革が進

図表　クリティカルシンキングで養成すべき能力(試論)

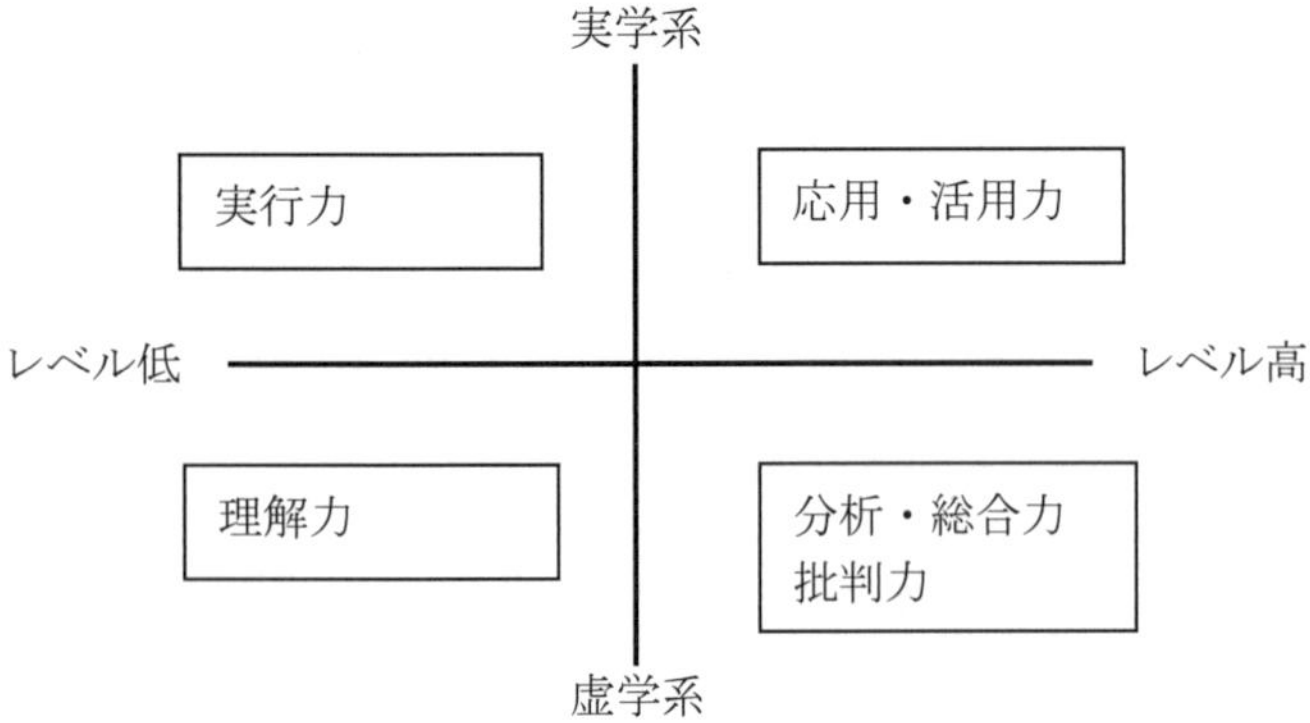

(出典)筆者

めば、やがて産業界をはじめ外部の意向に沿うような専門教育や職業教育が、大学教育の大半を占めてしまうのではないかと私は恐れる。

大学教育にはさまざまな専門分野があり、学士力によって養成された論理的思考力その他の基礎的能力を、専門教育においてもどのようにこれを伸ばしていくかを問題にしなければならない。図表はそのための試論として皆さんに提供し、議論をしてもらおうとして作成したものである。実学と虚学の区別は以前書いたので繰り返さないが、資格と結びつかない文系の多くは虚学だと理解していただいて差し支えない。またレベルは個別の事情があるので明示はしないが、およそ常識的な線で判断してもらえばよい。四角で囲ったものが、養成したい代表的な能力と考え、一度皆さんで議論をしてもらえれば幸いである。

㈟　若山昇ほか（２０１４）「クリティカルシンキング教育の現状と課題」帝京大学ラーニングテクノロジー開発室年報11巻

（２０１６年１月11日）

５―５　ノンエリートのための大学教育
～多様化・格差社会への対応

アクティブ・ラーニングの流行

近年の大学教育改革のキーワードは、「三つのポリシー」、「グローバル化」、「ルーブリック」など色々あるが、中でも目覚ましく拡大を遂げているのは「アクティブ・ラーニング」という言葉であろう。中教審２０１２年答申「新たな未来を築くための大学教育の質的転換に向けて～生涯学び続け、主体的に考える力を育成する大学へ」に附属する用語集によれば、アクティブ・ラーニングとは「伝統的な教員による一方向的な講義形式の教育とは異なり、学習者の能動的な学習への参加を取り入れた教授・学習法の総称。学習者が能動的に学ぶことによって、後で学んだ情報を思い出しやすい、あるいは異なる文脈でもその情報を使いこなしやすいという理由から用いられる教授法。発見学習、問題解決学習、体験学習、調査学習等が含まれるが、教室内でのグループ・ディスカッション、ディベート、グループ・ワーク等を行うことでも取り入れられる」とある。文面をそのまま受け取る限り、まさに正論である。

また、高等教育だけではなく、初中等教育についてもアクティブ・ラーニングの概念は盛んに使われ始めている。次期学習指導要領の改訂に際しては「子供たちの主体的・対話的で深い学び」を「アクティブ・ラーニング」と称しつつ、改革の目玉に据えようとしているようである。やがては「ゆとり教育」や「生きる力」などと同じように、改革方向を指し示すキャッチフレーズとして一人歩きしそうな勢いである。この様な傾向について、文部省の大先輩である菱村幸彦氏は、最近ある雑誌で興味ある見立てをしている。同氏は、アマゾンで検索するとアクティブ・ラーニングに関する本が350冊を超えていると述べるとともに、この言葉が「不易よりも流行であろう」とし、やがて「オールド・ファッションになるのではないか」とした上で、「真の教育にとって、どれほどの意味があるのか、日々の地道で真摯な教育実践にはほとんど無用ではないか」と批判している（『私学経営』（私学経営研究所）№500）。常々、改革の方向が斉一化しがちであることを苦々しく思う私にとって、まさに我が意を得たりの心境である。

深刻な実態を見よ

さて、今日の我が国高等教育の改革を考えるとき、流行の言葉の問題以上に、実態はより深刻ではないかと思う。それは、アクティブ・ラーニングにせよ、グローバル化にせよ、これらが実効性を持つための前提は、学習意欲が旺盛でかつ十分な基礎学力がある学生の存在である。おそらく進学率30パーセント台であった昭和50年代頃までは、それが成り立っていたのであろう。しかし、いまや大学は若者の過半が進学する高等教育機関となった。加えて18歳人口の減少により、大学はえり好みさえしなければ、受験生にとって極めて容易に入学できる学校になってしまった。当然学生は多様化し、学習意欲や基礎学力に大きな問題を抱える者も数多く含まれるようになっていることは、周知のことである。そのような学生に、果たして優秀な大学生という前提に基づくと思われる処方箋を示すことは有効なのであろうか？

加えて、1990年代以降、世の中の情勢は大きく変わってきた。大学生の多くが就職先として求める産業界の状況も同じである。雇用が安定し昇進も期待できる「正社員」と、不安定かつ雑多な仕事を続けざるを得ない非正規の社員との間の差異は著しくなってきている。いわゆる「格差社会」の到来である。これまでの「良い大学から大企業へ」という人生モデルの有効性が、限られた者たちだけのものになりつつあるように見える。

このような中、最近私は神戸国際大学の居神浩教授の論文「ノンエリート大学生に伝えるべきこと」（日本労働研究雑誌）と同氏の編著書『ノンエリートのためのキャリア教育論』（法律文化社）を読む機会があった。これらによると、ノンエリートの若者たちというのは「学校の勉強が苦手であった、あるいは成績が良くなかった」人たちの総称であるという。また彼らは「受験勉強をまったく経験せずに（大学に）選ばれてしまった」者たちで、今の高等教育の大衆化は、そういうノンエリートの学生を大量に吸収することによって成り立っているとしている。しかし、彼らが大学で学ぶ機会は増えたが、「良い学校から良い会社へ」という「正社員就職」のルートが相対的に拡大したわけではないので、「非正社員就職」のルートが大きく広がり、キャリア教育において大きな影響を与えているとする。彼らには、伝統的な大学生に対することとは別の、彼らにこそ必要な知識や技能を伝えることがこれからの大学教育の大きな役割であるというのが、その主張の根幹にあると私は見た。

一部だけを対象とした改革でなく

それを私なりに解釈し整理したのが、図表である。この図表の左の四角形は我が国の大学教育をモデル化したものである。四角形の上部に行くほどいわゆる良い大学、すなわち有名校や受験難関校と言われる大学が、下部にはそれ以外の大学があると考えていただきたい。学生は、学習意欲が旺盛で基礎学力にも優れた「エリート」とそれ以外の「ノンエリート」がいるとする。但し、どの大学にも両方が含まれ、良い大学とそれ以外の大学との差異は程度問題である、という観点から斜線をもって両者を区別してある。

他方、右側の四角形は学生が卒業後に進むべき実社会のモデルである。上部へ行くほど、多くの人々が望む職業、下部にはそれ以外が多く含まれている。前者について「エリート」、後者を「ノンエリート」とする。エリートには、高度な専門職業や企業の正社員などが含まれ、後者には雇用の不安定なさまざまな職業が多く含まれるだろう。

学生の進路を考えるとき、大学におけるエリートの多くは卒業後の実社会でエリート的な職業に就くことができるであろうし、ノンエリートの多くはノンエリート的な仕事に就くというのが偽らざる実態であろう。太い矢印は人の流れを示す。もちろん例外も多くあるだろうから、これを細い矢印線で示してある。人によっては、このようなモデル化を甚だ不快に思われるかもしれないが、各種の資料や論稿を見る限り、残念ながらそれが実

図表　大学教育と職業・社会生活に関する模式図

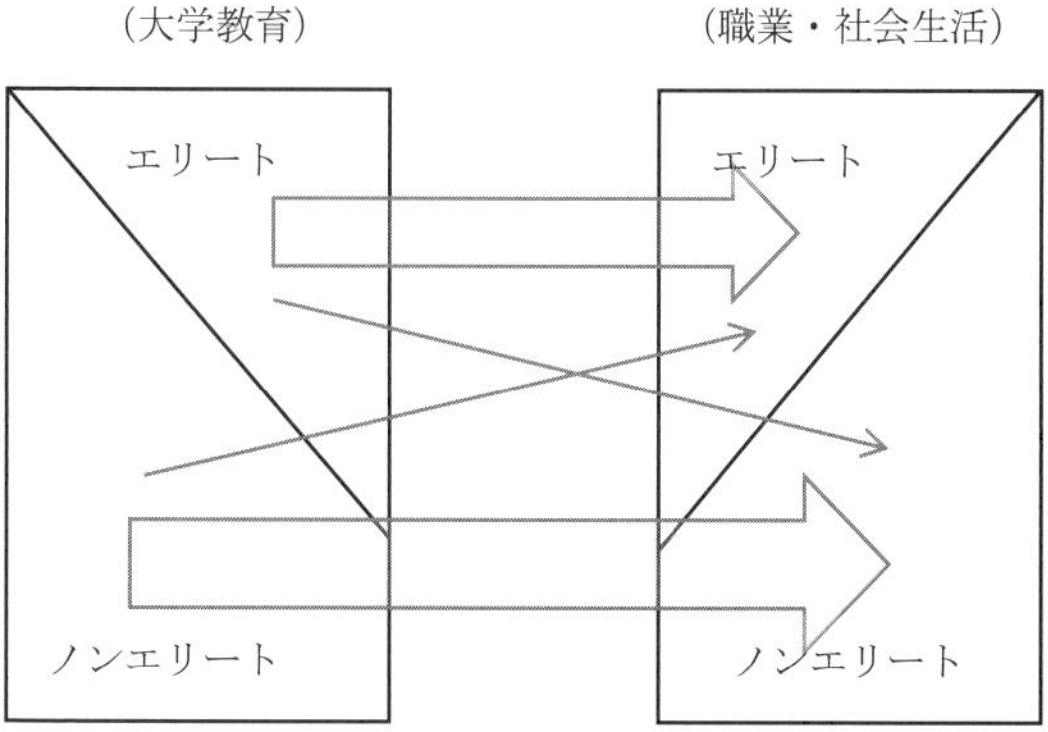

（出典）山本眞一による作図、矢印は人の流れである。

態であるならば､その実態に即して大学教育のあり方を考えなければならない。かつて､｢結果の平等｣観がもてはやされた時代には、このような議論はタブーであったであろうが、格差社会・不平等社会の進展という事実の前には、これを覆い隠すのではなく、実態を前提に、より効果のある充実や改革方策を考えなければならない。

エリートが多く含まれる一部の大学のみを念頭においた改革ではなく、ノンエリートのための大学教育改革を考える。これはそのような人々の幸福追求を支援する意味からも必要なことではなかろうか。

（２０１６年10月24日）

5―6　四半世紀の変化から見えるもの
～産業別就職者分布の数字から

就職問題はますます大きな課題

この原稿が載るのは2月の終わり、年度末も近い。3月になると各大学では学位授与式あるいは卒業式が行われ、今年も多くの若者が大学を巣立っていくことであろう。そしてその多くは上級学校への進学というよりは、就職という道を選ぶことになるだろう。一部の研究大学を除けば、進学者よりも就職者が多いというのは、高等教育機関と高校などの中等教育機関とを隔てる最も大きな特徴であり、それだけに学生の就職ということに社会の大きな関心が集まる。18歳人口の減少によって、少数の大学や学部以外では入試が容易化し、その選抜機能が落ちてしまった。大学入試＝教育問題という刷り込みが抜けない一部の人々がリアリティーに乏しい議論を未だに続けているようだが、この問題の核心はすでに定員割れ＝経営問題という次元に完全に移行しつつあり、我々は改めてこの点に留意をする必要がある。しかしながら、大学の出口である就職問題は、大学入試の選抜機能が落ちたからこそなおのこと、大学における職業教育のあり方の議論とも関わりながら、ますます大きな問題になってきているのではあるまいか。今年4月からはいわゆる三つのポリシーの公表義務が各大学に課せられるが、その三つの中でもカリキュラム・ポリシー、ディプロマ・ポリシーと言われる部分については、より精緻な議論が必要であろう。

ところで、学生の就職先は大学改革が本格化した1990年代と今とではどのように違うものであろうか。大学教育の大衆化は大学就職者の割合を増やすであろうし、しかし大学院への進学者の増加は大卒就職者の高学歴化を引き起こす。またそもそも18歳人口の減少によって、若者人口は90年代初頭に比べて3分の2にまで減少しているのだ。これに産業構造の変化や政治・経済・文化的環境の変化などが、さまざまな大学改革を伴いつつ、大学を始めとする高等教育機関に複合的・重畳的な影響を与えてきたことであろう。その結果が、学生の就職状況に如実に現れているのではないか、というのが私の今回の問題意識である。

減る若者とその高学歴化

まずは図表をご覧いただきたい。図表の上半分は学位段階別・専攻学問分野別に見た２０１５年と１９９０年の就職者数の数値である。この2時点で比較する理由は、大学改革がこの四半世紀の間、絶え間なく続いた結果、このようにやや離れた時点間の比較をするのが意味あるものだと考えるからである。しかも１９９０年は今次の大学改革が本格化する直前の年である。最上段の合計数を見ると、２０１５年では修士・学士・短大からの新規就職者数の合計は51万余であるのに対し、四半世紀前の１９９０年では52万余ということでそれほどの違いはないように見える。しかし後ほど述べるように、産業別・学位段階別に見ると大きな変化がある。これに加えて、図表では省略してあるが、２０１５年の高卒就職者数は19万人余で、これを加えると70万人になる。ところが１９９０年の高卒就職者は62万人もあって、これを加えた就職者数は１１５万にも及んでいた。18歳人口の減少と進学率の上昇がこのような結果をもたらしているわけだが、少なくなった若者の数に合わせるかのように産業構造や就職状況も大幅に様変わりしていることは、皆さんもよくご存知のことだと思う。

図表　学位段階別・専攻分野別・産業別就職者数の分布とその変化

		2015			1990		
		修士	学士	短大	修士	学士	短大
全体	合計	54,345	409,759	46,412	18,845	324,220	181,230
	文系	6,467	218,275	7,258	1,627	186,129	68,530
	理系	35,454	69,238	1,196	14,472	85,703	8,933
	医系	3,672	37,510	3,357	945	9,802	7,090
	教育	2,924	34,216	19,940	1,267	25,457	33,429
	その他	5,828	50,520	14,661	534	17,129	63,248
（産業分野別就職者分布　各年の千分比）							
製造業	文系	1	45	1	0	70	29
	理系	38	33	0	19	85	5
	医系	2	2	0	2	7	0
	教育	0	2	0	0	4	5
卸売・小売業・飲食業	文系	1	100	4	0	73	24
	理系	2	15	1	0	7	5
	医系	0	9	0	0	1	0
	教育	0	6	1	0	3	6
金融・保険業	文系	1	59	1	0	63	34
	理系	1	4	0	0	5	0
	医系	0	0	0	0	0	0
	教育	0	2	0	0	2	6
情報・通信業	文系	1	34	0	0	4	1
	理系	9	19	0	1	2	0
	医系	0	0	0	0	0	0
	教育	0	2	0	0	0	0
教育・学習支援業	文系	2	17	1	1	16	2
	理系	1	5	0	1	4	0
	医系	1	1	0	0	1	0
	教育	4	32	11	2	30	18
医療・保健衛生	文系	1	24	1	0	3	1
	理系	0	3	0	0	0	0
	医系	3	57	6	0	9	11
	教育	0	10	0	0	0	1
公務（他分類除く）	文系	1	29	0	0	36	5
	理系	3	9	0	1	11	1
	医系	0	2	0	0	0	0
	教育	0	5	0	0	3	2
その他の産業	文系	5	118	6	1	91	35
	理系	15	49	1	5	49	6
	医系	1	2	0	0	1	1
	教育	1	8	26	0	7	25
全産業分野	その他	11	99	29	1	33	121

（出典）学校基本調査データに基づく山本眞一作表

（注）文系は人文と社会、理系は理学・工学・農学、医系は医歯薬を含む保健、その他は、学際領域を含むそれ以外の分野である。医療・保健衛生には社会保険・社会福祉・介護事業は含まない。

図表の下半分は、それぞれの時点での就職者の主な就職先産業別・学位段階別・専攻学問分野別の分布状況で、これを合計千人になるように調整（千分比）してある。千人になるようにするのは、生の数字に比べて直感性にすぐれ、比較・考察が容易であるからである。就職先産業は、学校基本調査で採用されている日本産業分類に従っているが、就職者が比較的多く、また産業構造の変化をよく現すであろうものから選んだ結果、製造業から公務までいくつかを具体的に取り上げ、それ以外は「その他」とした。日本産業分類はこの間改定も行われているが、可能な限り連続するようにつとめた。学位段階は、人数が少数の博士は除外し、修士・学士・短大とした。本来なら高校とも比較すべきであろうが、専攻学問分野が高等教育機関のものとは合致しないので、今回は省いてある。専攻学問分野は、大括りに文系・理系・医系・教育・その他としその細目は図表の注に示したとおりである。なお、図表のスペースを節約するために、分野の「その他」は全ての産業の合計数に対応する千分比値に集約し、図表の最下段に示した。

就職先産業の大きな変化も

この千分比からは、さまざまな変化が読み取れる。第一に、産業分野ごとの就職者の割合は大きく変化した。製造業や金融・保険業は、半減あるいはそれに近い減り方であるのに対し、情報・通信業では7倍、医療・保健衛生では4倍の増加である。第二次産業から第三次産業へ、モノづくりから情報産業へという社会一般の大きな変化が、ここでも如実に現れている。第二に、それぞれの分野の就職者の高学歴化が進んでいる。一つには修士就職者割合が各産業で増えている。就職者が半減した製造業においては、理系の修士の増加というかたちで高学歴化が進んだ。工学系修士の拡張は我が国の大学院では唯一に近い成功例だとよく言われているが、この数字を見るとそのことがよく分かる。製造業だけではなく、情報・通信業においても同じくである。第三に、短大卒の就職者はその絶対数も相対的割合も、いずれも激減の状況である。文系学生の主要な就職先と考えられる卸売・小売・飲食業や金融・保険業では、従来多かった短大卒が学士に代替されてしまっている。第四に、成長著しい情報・通信業や医療・保健衛生の分野で、理系や医系の学生だけではなく、文系専攻の学生も数多く就職するようになっていることである。その分野に必要な人材は専門的人材以外に事務職や販売職の人材も必要としていること、また近頃は学際的なカリキュラムが学ぶ学生が多く、学部・学科名称に関わらず、さまざまな勉強をしている学生も増えているものと思われる。

図表からは、この他にもいろいろな変化が読み取れることであろう。読者の皆さんはそれぞれの関心に合わせて、さらに深くこの変化と要因を考えてもらいたい。

（2017年2月27日）

5―7　実務家教員～大学の教育・研究の質は維持されるか

　高等教育の将来には、知識生産・伝達・活用（研究・教育・社会貢献）という大学の役割が今後ますます大きくなるという光の側面がある一方、将来の人口減の中で経営的にはますます苦しくなるという影の側面がある。このことは、産業界を含め社会一般の人々よりも、大学経営・運営に当たっている理事者や事務職員などの実務家や高等教育行政に責任を持っている行政官にとって、より切実な問題として認識され続けている。

再就職先としての大学の魅力

　しかし一方で、昨年（2017）大きな問題となった文部科学省職員の大学への「天下り」問題に表れているように、定年後の再就職先としての大学の魅力は依然として大きいとの印象がある。また私が日頃接している大学院生の中で、研究者志望の若い院生はもとより、実務家の部類に属する事務職員の中にも密かに大学教員を目指し、実際その夢を実現させたケースも少なくない。さらに世間一般を見ても、転職あるいは定年後の職業として大学教員を夢見る人々も多い。その証拠に、大学教授職の魅力をアピールし、かつそのための実践方法を書いた鷲田小彌太氏の『大学教授になる方法』（1991年、青弓社）とその続編のシリーズは、大売れしていたようだ。そこでは「大学教授のおいしい生活」が強調されるとともに、教授となるためのステップとして大学院入学や学術論文執筆の重要性が説かれている。

実は私自身、本誌の連載（第175号、2007年7月9日）に「社会人教員の心得」と題する小論を書いたことがある。そこでは①社会人教員といえどもそれまでの実務経験にのみ頼らず、新しい知識の獲得すなわち充電能力を持つ必要がある、②批判的思考の訓練のためには研究活動も大切、③大学教員の「運転免許」としての博士学位の重要性、④所属先の学内用務も大事な仕事と述べ、これから大学教員になりたいと思っている人たちへの参考情報を提供した覚えがある。興味ある方は、本誌のバックナンバーをご覧いただきたい。

教員資格とその認定は如何に

ところで、大学教員になるためには、教員免許のような資格が要らないから容易だとの誤解がある。しかし、文部省令である大学設置基準によると、例えば教授の資格は「次の各号のいずれかに該当し、かつ、大学における教育を担当するにふさわしい教育上の能力を有すると認められる者とする。」（第14条）とあって、その各号には、博士の学位を有していることまたは研究上の業績がこれに準ずると認められる者、など相当に高度なことが規定されている。またその認定は、理事長や学長など大学のトップによるものではなく、法人化以前の国・公立大学にあっては教育公務員特例法の規定によって、大学管理機関すなわち教授会がこれを審査した結果でなければ、トップが関われないような仕組みになっていた。多くの私立大学でも同じような取扱いがなされていたはずである。将来の教授の資格を審査するのは、同僚である教授たちに委ねられていたのだ。

但し、その大学設置基準第14条の六号に「専攻分野について、優れた知識及び経験を有すると認められる者」という規程が昭和60（1985）年の改正で付け加えられた。博士の学位の有無とは関係なく、社会人を大学教授に採用することを容易化するためであったらしい。この改正の時期から20年余りにわたって『社会人型の教員』の採用動向を調べた松野弘氏の『大学教授の資格』（２０１０年　ＮＴＴ出版）によれば、学校教員統計調査（文科省の指定統計）の各調査年度に占める社会人型の教員の採用割合は、安定的に約３割を維持しているという。松野氏は、「実学や実務経験が豊富であることが、研究者や教育者としての資質もすぐれている」という前提に疑問を呈しているようだが、私にも賛成できる点が多い。とくに法人化以降、国公立大学では教育公務員特例法が適用除外になり、かつ教授会の機能が縮小した今、教員の資格の判断や質の維持の担保方法が大きく変わってきた。かりそめにも、一部の

図表　大学教員の採用数と採用前の状況別内訳（2015年度）

		合計（人）	新規学卒者	官公庁	民間企業	ポスドク	研究員	その他
国立	人文	183	9.8	2.7	7.1	27.3	14.2	38.8
	社会	296	11.1	16.2	12.5	6.8	10.8	42.6
	理学	403	3.7	1.2	3.0	34.5	32.8	24.8
	工学	573	10.6	2.6	15.0	22.5	20.2	29.0
公立	人文	34	5.9	5.9	11.8	23.5	23.5	29.4
	社会	59	15.3	16.9	13.6	6.8	13.6	33.9
	理学	26	3.8	7.7	−	11.5	50.0	26.9
	工学	58	13.8	1.7	12.1	20.7	8.6	43.1
私立	人文	757	9.8	2.5	5.7	3.4	8.3	70.3
	社会	854	11.6	5.5	21.9	2.6	8.7	49.8
	理学	284	20.4	2.5	6.3	16.9	21.5	32.4
	工学	418	24.9	3.8	31.1	9.1	20.8	10.3

（出典）学校教育統計調査に基づき筆者が作表

者の恣意によって教員の質が下がることはあってはならない。関係者には細心の注意が求められよう。

そこで、改めて私自身が社会人型教員すなわち実務家教員の採用がどのようになっているのか、学校教員統計調査の直近の数値に当たってみることにした。図表は２０１５年度の教員異動のうち、採用に係る者の数と採用前の状況別内訳（パーセント）である。ポスドクすなわちポストドクターというのは、博士課程を修了（満期退学を含む）した後、教員以外の職でかつ任期付で任用されていた者を指し、「研究員」というのはポスドク以外の資格で研究業務に従事していた者ある。これらは、専門分野によって大きく異なるが、ここでは人文・社会・理学・工学という大学における代表的な四つの専門分野の状況を掲げた。

工学系にも多い実務経験者

図表中の網掛け部分の「官公庁」と「民間企業」が実務家教員の供給源と考えられるが、国立および公立大学の社会科学分野での官公庁出身者、私立大学における社会科学分野と工学分野の民間企業出身者が割合としては突出していることが注目される。実務家教員のイメージとして、定年後の、あるいは定年間近な事務系サラリーマンを連想される方も多いのではないかと思われるが、現実には工学分野への民間企業からの教員採用はかなり多いという印象である。また工学分野では大学の研究室とのつながりも強く、実務家教員であるから研究能力が乏しいという思い込みは、誤解のもとになるから要注意である。実際、ある大手電機メーカーの幹部とある学会で話をした際、当社は全国の大学に数百人規模で教員を出してきている、と言われたことを思い出す。

さて昨今、実務家教員というものに再び注目が集まっている。それは高等教育の無償化の方策の設計の段階で、文科省におかれた専門家会議が、無償のための財政措置が得られる大学の要件として、一定割合の授業科目が実務経験のある教員（フルタイム勤務でない者を含む）によって担われている必要があるという方針を打ち出したことによる。実務経験のある教員による授業科目や外部理事の数がなぜ無償化対象大学に関係するのかについては、すでにさまざまな批判があるところで、私としても疑問に思う。

ただ、専門家会議は「社会で自立し、活躍できる人材を育成する上で、人文社会・自然科学といった学問分野の違いに関わらず、学問追究の観点とともに、実際の社会のニーズに対応した経験に基づく実務の観点を踏まえた教育の実施が求められる」とし、また実務経験のある教員というのは「単に教員に学外での勤務経験があるだけでは足りず、担当する授業科目に関連した実務経験を有している者を指す」としてかなりの熱が入っている。今後、実務家教員に対するニーズは高まる傾向にあることだけは間違いあるまい。但し、大学の教育・研究の質を落とすことのないよう、関係者に注意を呼びかけたい。

（２０１８年７月23日）

第6章

分野による違いをどう考えるか

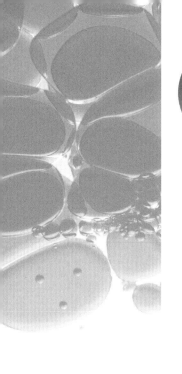

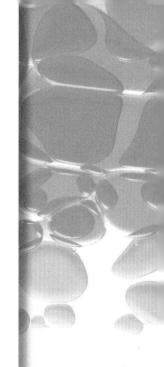

６―１　文系分野の縮小～その意味するもの

文科省通知のインパクト

国立大学の文系分野の縮小に関わる議論が喧しい。以前から文系分野の教育とその元となる人文・社会系の学問に対する批判はあるが、直接のきっかけは、今年（２０１５年）６月、文部科学大臣から「国立大学法人等の組織及び業務全般の見直しについて」と題する通知が各国立大学法人等（大学共同利用機関法人を含む）に発せられたことにある。もっとも、この通知はその表題にあるとおり、各国立大学法人に対して組織・業務全般にかかる見直し内容を提示するとともに、次期の中期目標期間において戦略性が高く意欲的な中期目標・中期計画を設定することを要請したもので、文系分野の見直しのみを意図したものではない。現に通知においては、組織改革のほか、社会貢献・地域貢献の推進、グローバル化の推進、大学教育の質的転換など多岐にわたる見直し内容が含まれている。

ただ、見直し内容の冒頭に「組織の見直し」が置かれ、そのさらに一番目に「ミッションの再定義を踏まえた組織の見直し」が述べられているので、そのインパクトは大きかった。通知は、「特に教員養成系学部・大学院、人文社会科学系学部・大学院については、18歳人口の減少や人材需要、教育研究水準の確保、国立大学としての役割等を踏まえた組織見直し計画を策定し、組織の廃止や社会的要請の高い分野への転換に積極的に取り組むよう努めることとする」としており、これが各大学に伝わるや、多くの大学は文系分野の定員減や新学部への転換に走り、いわゆる「文系改廃」の動きへと発展してしまった。しかしながら、なまくび（生首）は切れない（現在いる教員を辞めさせることはできない）だろうから、同じ教員集団が看板を架け替えて教育を行うということになる可能性が大きく、その改革の効果には一定の限界があるだろう。

日本学術会議からの批判

それに加えて、このような政府の方針に対しては、大学関係者から強い批判の声が上がっている。これを受けて、日本学術会議では7月に、「我が国における人文・社会科学のゆくえ、並びに国公私立を問わず大学のあり方全般に多大な影響を及ぼす可能性について、日本学術会議としても重大な関心をもたざるをえない」との幹事会声明を公表した。声明においては、第一に人文・社会科学には独自の役割に加えて、自然科学との連携によって我が国と世界が抱える今日的課題解決に向かうという役割が託されているので、その改廃を求めることには大きな疑問があること、第二に「社会的要請」の中には、大学が長期的な視野に立って知を継承し、多様性を支え、創造性の基盤を養うという役割があり、具体的な要請にのみ応えるのであれば大学の基本的役割を失うことになりかねないこと、第三に教育における人文・社会科学の軽視は、大学教育全体を底の浅いものにしかねないこと、などの理由を挙げて縮小論を批判し、同時に人文・社会科学に従事する大学教員には、自然科学者や社会の各方面との対話を通じて、教育・研究の質的向上のための一層の努力をすべきことを求めている。

このような懸念に対し、8月10日付けの日経新聞教育欄に下村博文文部科学大臣が登場し、「人社系学部は養成する人材像を明確にし、それを踏まえた教育課程に基づく組織になっていることが重要なのに（現状では）十分ではない。大学教育の質を転換する上で、改善の余地が大きい」などの改革の必要理由を挙げつつも、「文科省は国立大学に人社系が不要と言っているわけではないし、軽視もしていない。すぐに役立つ実学のみを重視しろとも言っていない」として、関係者の心配を払拭しようとしているように読める。

政府と大学の力関係

確かに、組織・業務全般の見直しという今回の通知を素直に解釈すれば、大学が主体性を失わない限り、国立大学法人側の過剰な反応であると考えられないこともない。しかし、通知には「組織の廃止や転換」という言葉が明確に入っており、これが文部科学省の意図であるとすれば、中期目標・計画を制御し、かつ運営費交付金配分の裁量を握っている役所の真意を知りたいというのが、国立大学法人の学長や理事たちの本音であろう。ちなみに、国立大学法人法の規定によれば、文部科学大臣は、評価委員会が（中略）中期目標の期間の終了時に見込まれる中期目標の期間における業務の実績に関する評価を行ったときは、中期目標の期間の終了時までに、当該国立大学法人等の業務を継続させる必要性、組織の在り方その他その組織及び業務の全般にわたる検討を行い、その結果に基づき、当該国立大学法人等に関し所要の措置を講ずるものとする（同法第31条の4）とあり、現に6月の通知もこの規定に基づいてのものである。

加えて、この通知においては運営費交付金の配分方法の見直しにも触れており「各法人の規模、分野、ミッションや財務構造等を踏まえたきめ細かな配分方法を実現するとともに、平成27年度に施行された学校教育法及び国立大学法人法の一部改正法等を踏まえ、学長がリーダーシップを発揮し、学内のマネジメント機能を予算面で強化することが必要である」として、運営費交付金を重点配分する仕組みの導入を謳っている。ここまで言われれば、各国立大学は文部科学省の政策に一層敏感にならざるを得ないであろう。

国際比較も大切に

ところで、文系分野の規模については、国際的な比較も考慮に入れておく必要がある。文部科学省の調べによると、**図表**のごとく、我が国における文系分野の学位授与数割合は、学部段階において主要先進国に比べてやや小さく、大学院段階ではかなり小さいことが分かる。つまり世界の先進国では、人文・芸術や法学・経済学等の文系分野の学位授与が大きな割合を占めており、これに対し我が国ではとくに人文・芸術関係の学位授与割合が小さいことに着目しなければならない。これ以上、文系分野の縮小を図ることは、果たして適切な判断なのであろうか。ちなみに理工系の割合が大きいのは、この図表には示されていないが、概ね開発途上国か新興国である。

文系分野の教育や研究の現状に批判があることは分

図表　学位取得者数および専門分野内訳の国際比較

	年度	取得者数	人文・芸術	法経等	理学	工学	農学	医・歯・薬・保健	教育・教員養成	家政	その他
（学部段階）											
日本	2013	558,853	18.2	34.9	3.2	15.4	3.1	9.1	7.1	2.9	6.0
アメリカ	2010	1,715,913	21.8	36.7	7.7	8.8	1.7	8.4	6.1	1.3	7.6
イギリス	2011	390,985	21.1	29.4	18.9	8.7	0.9	12.0	4.6	m	4.3
フランス	2011	172,490	30.1	36.9		25.1		5.2	m	m	2.7
ドイツ	2011	191,122	12.5	42.5	14.4	22.9	2.3	2.2	1.9	0.6	0.6
韓国	2012	303,952	21.2	29.8		34.4		5.1	6.8	a	2.6
（大学院段階）											
日本	2010	95,499	8.7	10.4	9.2	38.6	6.2	13.4	5.0	0.3	8.2
アメリカ	2010	900,232	10.8	35.9	4.2	9.0	0.8	15.1	21.6	0.4	2.2
イギリス	2011	264,105	10.2	37.4	13.1	10.6	0.6	9.8	15.9	m	2.4
フランス	2011	143,448	33.9	34.0		23.8		6.5	m	m	1.8
ドイツ	2011	201,049	13.5	22.3	14.8	12.6	2.0	11.4	22.0	0.4	1.1
韓国	2012	95,008	16.8	27.2		27.6		9.7	17.5	a	1.2

（注）取得者数は実人数、内訳はパーセント、mは不明、aは制度無しである。
（出典）文部科学省「諸外国の教育統計平成26年度」

かる。しかし文系分野の学問には、人間や社会のあり方を根源にさかのぼって考え、これを学んだ多くの学生が将来社会の各方面でさまざまな機会に活用するという、長期的な効用がある。実用的な学問が常にアップデートをする必要があるのに対して、文系分野の学問の多くは一度基礎を身につければ長持ちのする極めて効果／費用比の高いものである。為政者や経営者の中には、政府の政策に反対したり会社の経営に口出しするような人材を嫌うという視野の狭い人々もいる。文系縮小論がこれらの人々の言説に迎合するものなら、我が国の将来は暗いと言わざるを得ない。関係者の更なる議論を求めたい。

（2015年9月28日）

6—2　学生分布の変化を読む
～教学経営・政策判断の材料として

現在我が国の高等教育機関に学ぶ学生はおよそ300万人。戦後右肩上がりで増えてきた学生数は、今世紀に入る頃からようやく定常状態となり、この10年間、総数としてはほとんど変わらない。しかし、その構成を見ると大きく変わりつつあることが分かる。社会的な需要の変動を受けての学生の選好の変化があり、大学もこれに対応することが、今後の教学運営にとって重要との戦略的判断があるのであろう。

高等教育分析のミニ・モデル

図表1は、2015年5月現在の学士・修士・博士・専門職課程および準学士課程（短期大学）に学ぶ学生数を分野別・設置者別に千分比で表したものである。つまり学生数を千人と仮定した場合に、どの分類項目に幾人の学生がいるのかを示しており、いわば我が国高等教育のミニ・モデルである。高等教育の学習機会の所在や学生の選好動向を視覚的・直感的に眺めるには都合のよい指標である。また比較のために、括弧内には同じく千分比で10年前の2005年の数値を入れてある。

これを見ると、第一に学生数が多いのは、法学、経済学など社会科学を学ぶ私立大学の学士課程である。1000人中の248人、つまりおよそ4人に一人がこの分野で学ぶ学生であり、人文科学の108人を入れると、3人に一人は私立大学の文系分野の学部生であるということが分かる。つまり、世の中の人々が大衆型高等教育の典型としてイメージする集団の存在は、相変わらず健在であるように見える。但し、この二つの集団が全体に占めるシェアは、10年前の4割ちょうどから3割6分に低下しており、世の中の動きに合わせてかなり大きく変化してきている様子が見て取れる。また、文系だけではなく理学や工学といった理系分野の学生数のシェアもわずかに低下していることから、伝統的な四分野（人文・社会・理・工）で学ぶ学生数は相変わらず多いものの、次第に減少かつシェアも縮小する傾向にあると言うことができるであろう。

大きく発展している分野

これに対して伸びが著しいのが、保健、教育および学際領域等を含むその他の分野である。例えば保健分野では、国公立大学でも2割以上シェアが伸びているが、私立に至っては何とシェア自体が2倍増の勢いである。保健というのはご存知のように、医学・歯学・薬学そして看護学を含む医療の専門分野を指す。医学や歯学が政策的にその数の増加が抑制されているにもかかわらず、保健全体の伸びが著しいのは、薬学や看護学などの分野で

図表1　課程別・分野別・設置者別在学生数の分布（千分比）2015（2005）年

		人文	社会	理学	工学	保健	教育	その他
学士	国公立	17（17）	35（37）	12（12）	51（53）	**29**（25）	23（25）	**29**（22）
	私立	108（119）	248（281）	16（17）	82（93）	**77**（39）	**41**（23）	**104**（81）
修士	国公立	1（2）	2（2）	4（4）	16（15）	3（2）	3（3）	7（6）
	私立	3（3）	*4*（5）	1（1）	7（7）	1（1）	1（1）	3（3）
博士	国公立	*1*（1）	1（1）	2（2）	4（4）	7（6）	1（0）	4（4）
	私立	1（1）	*1*（1）	*0*（0）	1（1）	2（2）	0（0）	1（1）
専門職課程	国公立	0（0）	2（2）		**0**（0）	0（0）	**0**（0）	**0**（0）
	私立	0（0）	3（3）		**0**（0）	0（0）	**0**（0）	**0**（0）
短大	国公立	*1*（1）	*1*（1）			*0*（1）	0（0）	*1*（1）
	私立	*4*（9）	*3*（8）		*1*（3）	4（4）	*16*（21）	*13*（21）

（注）数値のうち、太字下線は過去10年間に20パーセント以上学生数が実数で増加したもの。イタリックは、過去10年間に20パーセント以上学生数が実数で減少したもの。
（出典）学校基本調査に基づく筆者の作表

の学生数が急増しているからである。**図表2**にこの10年間で大きく学生数が伸びた分野の例を示してみた。薬学においては、2000年頃から始まる設置ブームに乗って、国公立ではおよそ2割の増加、私立では7割以上も増加した。もともと薬学は私立のシェアが大きい分野であるが、それがさらに大きくなったわけである。

伸びがさらに大きいのは、看護学の分野である。2005年時点の学生数を見ると、国公立の方が私立よりも多かったのだが、10年後の現在、その数は完全に逆転し、私立が国公立の2倍を大きく超えるまでに至っている。10年間の学生数の伸びは、国公立が1・27倍であったのに対し、私立は実に3・83倍であり、ある雑誌の記事で読んだ「看護学部は定員割れ大学の救世主」というフレーズを思い出す。もちろん、多くの私学が看護学部・学科の新設に熱心なのは、単に定員割れ対策だけではなく、この分野の人手不足を背景に、大学としての社会的責任を果たそうとする意欲の現れもあるであろう。

教育学・教員養成を含む教育の分野では、国公立がやや縮小の傾向であるのに対し、私立では学校教員の一時

図表2　在学者数の伸びが目立つ分野の例(学士課程)

			在学者数		2015/2005比
			2015	2005	
保健	薬学	国公立	7,521	6,296	1.19
		私立	68,181	39,916	1.71
	看護学	国公立	20,677	16,341	1.27
		私立	53,604	14,010	3.83
教育		国公立	68,810	74,167	0.93
		私立	121,408	67,724	1.79
その他	家政学(食物)	国公立	2,332	1,137	2.05
		私立	36,546	23,110	1.58
	その他	国公立	36,037	22,300	1.62
		私立	135,687	82,094	1.65
(参考)	(全分野)	国公立	575,286	567,058	1.01
		私立	1,980,776	1,941,030	1.02

(出典)図表1に同じ

的不足の事態に対処しようということもあって、近年学生数の伸びの大きい分野の一つになっている。結果として教育の分野でも、10年前と比べ国公立と私立との学生数は逆転してしまっている。なお、その他の分野には教養学や国際学など基礎的あるいは学際的な領域が含まれているが、全体として図表1に示すとおり、この分野のシェアも全体の1割から1割3分にまで上昇している。

国家資格取得指向の反映か

さて、学士課程では伝統的な四分野の学生数シェアが低下し、代わりに保健、教育の分野が大きく伸びたのはなぜであろうか。私はここに、世の中の人材需要の変化とともに、学生の実学指向・資格重視の姿勢を見る。とりわけ保健分野は、医学・歯学を含めてその多くは、国家試験によって取得する「免許」制度に支えられる専門職優位の世界であり、その制度は免許を有しない者を専門職として認めないし、無免許で業務に従事すれば刑事罰さえ科せられることがある。すなわち資格によって堅く守られた専門分野である。法曹などは例外であるが、資格保持と専門職との結びつきが曖昧な文系分野と異なり、保健分野を志望する学生が増えているのは、世の中全体に広がる国家資格取得指向を反映しているからではないかと、私は考える。

なお、図表1で大学院課程に学ぶ学生を見ると、修士課程・博士課程ともシェアは伸び悩み、専門職課程においても法科大学院をはじめ幾つかの分野で問題を抱えていることもあって、伸びている分野もあるが、その実数は限られている（図表2でゼロになっているのは、空欄とは異なり、実際には少数の学生が在学していることを示す）。知識基盤社会、グローバル化の進展の中で、国際常識とは異なる動きを示しているのは、やはり我が国においては、大学の出口である就職のところで大きな問題があるからであろう。これは高等教育政策だけでなく科学技術政策の面からも、引き続き考えていかねばならない懸案である。短期大学在学者は引き続きそのシェアを減らし、今や全体の5パーセント足らずというところまで来てしまった。短期高等教育のあり方については、いろいろ考えがあるだろうが、この現実と大学における職業教育の問題とは、有機的につながりをつけつつ議論しなければならないのだ、という思いを一層強くするものである。

（2016年2月22日）

6―3　教員分布とその変化を読む
～教学経営・政策判断の材料として(2)

前回の続きを述べよう。前回は、学生数の分布の状況とその変化を観察することによって、大学の変化を捉え、これを教学経営や高等教育政策の判断材料とすればよいという趣旨で論考を執筆した。今回は、それを裏打ちするかたちで、大学教員（短大や高専を除く）の分布という側面から考えてみたい。

目立つ保健分野の教員数の大きさ

表1は、前回執筆の学生数の分布に対応するかたちで作成した大学教員の分野・設置者・年齢段階別分布である。数値は千分比であり、全国の大学教員数を千人と仮定した場合のミニ・モデルである。「0」という数値が入っているのは、教員がいないのではなく、千分比では1にならない少数であるという意味であるので、注意いただきたい。なお、学生数の分布は学校基本調査の結果から得られるが、教員数の分布については、3年ごとに行われる文科省の学校教員統計調査に拠るのがより適切であると考え、この直近版である平成25（2013）年調査を採用した。学校基本調査の確定値は平成27年度まであるので、比較の意味では年度に若干のずれがあるが、調査頻度の違いとして了解願いたい。

表1で明らかなように、大学教員は分野や年齢段階によってかなり特異な分布をしている。例えば、人文・社会科学の分野で学ぶ学生は全体の4割を占めているが、この分野を専門とする教員は全体の4分の1強しかいない。他方で、学生数で1割に過ぎない保健分野では、教員数は全体の3分の1を

超える。これは医学・薬学その他の医療分野では少人数教育が行われていること、教育・研究のほかに大規模な臨床部門を抱えていることなどの理由によるものと考えられるが、教員数という観点から見ると、保健分野は分野別では最大の教員集団となっており、大学システムの中に重要な位置を占めていることが分かる。また、他の分野に比べて若手・中堅年齢層の教員比率が高いことも特色として忘れるべきではない。

私学文系では高齢教員も多い

人文・社会・理学・工学などの他の伝統的な学問分野では、国立大学において理学・工学という理系に多く分布しているのに対し、私立大学では保健分野を除けば、その大多数が人文・社会という文系にいることが特徴的である。「私学文系で教える大学教師」、「国立理系で働く研究者」など世の中の漠然とした大学教員像は、学生の場合ほど明らかではないにせよ、あなが

表1　大学教員の分野・設置者・年齢段階別分布（2013年千分比）

		人文	社会	理学	工学	保健	教育	その他
国立	30未満	0	0	1	2	1	0	0
	30－40	5	6	12	19	34	4	7
	40－50	9	9	16	24	43	6	12
	50－60	11	9	14	19	25	8	12
	60以上	5	4	6	10	8	5	6
公立	30未満	0	0	0	0	0	0	0
	30－40	1	2	1	2	8	0	1
	40－50	2	3	2	4	11	1	3
	50－60	3	3	2	3	8	1	3
	60以上	1	1	1	2	3	0	2
私立	30未満	1	1	1	1	9	1	4
	30－40	12	14	5	9	66	5	8
	40－50	23	24	8	15	58	8	12
	50－60	29	26	8	15	45	10	15
	60以上	28	32	9	16	24	14	15

（出典）文科省・学校教員調査に基づく筆者の作表（以下も同じ）。
（注）「30－40」は、30歳以上40歳未満の意である（他も同じ）。

ち間違いとは言えないであろう。しかも私立大学の文系では、年齢段階が上がるほどより多くの教員が分布しているという、ある意味ではいびつな年齢構成を示している。これには、かつての大学拡張期に採用された教員が経年変化によって高齢層に移ってきているということに加えて、国立大学の定年組や、いわゆる社会人教員が高齢期になってから相当数採用されているという現実が関わっているものと考えられる。20歳前後の学生たちの教育が、50歳台・60歳台の多数の教員によって担われているということがどのような意味を持つものか、教学経営の立場からは真剣に考えざるを得ないのではないだろうか。

次に、**表2**では平成25年の9年前に当たる平成16（2004）年調査の数値と比較した教員の増減率を示している。平成16年は国公立大学の法人化の年であるから、その後の変化を見るにも適切な年度であろう。ご覧の通り、分野によって増減の有無やその程度は、それぞれの分野や設置者の違いによって区々の状況である。なお、この表では省略してあるが、全体としての伸びは、国立が2パーセント、公立が16パーセント、私立が17パーセントであり、法人化によって極めて厳しい財務運営が迫られてきた国立大学では教員数も抑制され、他方、大学の新設や私立大学からの公立移管のあった公立大学や、18歳人口減の中でも経営意欲の旺盛な一部大学を反映しての私立大学では、教員数が増加している。国立の中でも人文や工学では相当数の教員減少があるのに対し、私立大学の保健や教育分野は激増と言ってもよいほどの増加ぶりである。これは、明らかに学生数の急増と並行して進んでいる現象であろう。例えば、表1において教育分野の私学の教員がかなり高齢層に偏っていることが見えるのは、人材確保の面で国立大学からの異動や高校を含め他業種からの採用なども関わっているように思える。また、保健分野での教員の博士取得率が低いのも、単に医学・薬学・医療分野のキャリアパスの特殊性のみならず、急激に拡大する教員市場に、その供給が追いつかないからだという一部の声があり、確かにそのような事情が背後に隠れているのかもしれない。

分野で異なる博士修了率

その表3には、分野・設置者別の大学教員の博士取得率を示しておいた。ただ、文科省の調査における博士修了者とは、学校基本調査でもそうであるが、この学校教員統計調査においても、「学位論文の審査及び最終試験に合格していない場合でも所定の年限を在学し所定の単位を修得したと認定された者も含む」（文科省）とあり、博士号取得が依然としてかなり難しい人文や社会科学においては、実態よりも高めに出ていることには注意をしなければならない。しかし、それを割り引いて考えたとしても、人文、社会それに教育の分野では博士修了率は他分野に比べて低く、他方で理学や工学では博士修了が標準的な学歴になっているのが分かるであろう。但し、私はここ10数年にわたって二つの国立大学の教育学分野で多数の教員採用、昇任人事に関わったが、近年、教育学の分野でも博士学位の取得率は上昇の一途をたどっており、博士学位のない者は審査の入り口からすでにかなり問題視され、

表２　大学教員数の分野・設置者別増減比率（2013/2004比パーセント）

	人文	社会	理学	工学	保健	教育	その他
国立	95.3	102.1	104.8	91.2	111.5	101.6	102.4
公立	99.3	121.4	109.0	120.9	117.4	122.3	120.2
私立	99.6	110.7	100.9	92.7	134.7	155.4	125.6

表３　大学教員の分野・設置者別博士課程修了者比率

	人文	社会	理学	工学	保健	教育	その他
国立	46.1	52.7	78.2	69.1	60.5	38.2	57.7
公立	50.3	60.4	75.6	70.5	41.5	44.9	45.6
私立	50.0	58.8	70.5	59.7	36.4	32.6	30.5

（注）修了者には単位修得後の学位未修得退学者を含む（学校教員統計調査の定義）。

最終的に同じ能力があるとされた二人の候補者が残ったときにも、博士学位のある者が相当有利であることは、この際、明記しておきたいと思う。若手教員や院生諸君の奮起を望むものである。

以上、大学教員の分布を概観してきたが、大学というシステムの動きを的確に捉え、これを適切な教学経営に結びつけるためには、学生数の分布の状況と同様、これを経営や政策判断の重要な材料として考えてもらいたい。

（２０１６年３月14日）

6―4　何のための大学教育か
～文系教育を巡る動きの中で

文系軽視への批判

近年、大学の文系教育のあり方についてホットな議論が続いている。その議論のきっかけの一つは、2015年6月8日付けで文部科学大臣から各国立大学長あてに出された通知「国立大学法人等の組織及び業務全般の見直しについて」であったと理解している。この通知は、第3期中期計画策定を間近に控えた中で、文部科学省が「国立大学法人等の第2期中期目標期間終了時までに行う組織及び業務全般にわたる見直しの内容」を示したものであるが、関係者やマスコミの関心を捉えたのは、「『ミッションの再定義』で明らかにされた各大学の強み・特色・社会的役割を踏まえた速やかな組織改革に努めることとする」というくだりである。通知は「特に教員養成系学部・大学院、人文社会科学系学部・大学院については、18歳人口の減少や人材需要、教育研究水準の確保、国立大学としての役割等を踏まえた組織見直し計画を策定し、組織の廃止や社会的要請の高い分野への転換に積極的に取り組むよう努めることとする」と述べており、その直裁かつ性急とも言える文系教育の見直し姿勢に関係者は驚いたものである。

これに対して、国立大学で文系教育に直接係わる関係者だけではなく、広く大学関係者、果ては海外にまで波紋が広がり、批判が相次いだ。学術研究の総本山たる日本学術会議も同年7月に批判の声明を出し、その中で「総合的な学術の一翼を成す人文・社会科学には、独自の役割に加えて、自然科学との連携によって我が国と世界が抱える今日的課題解決に向かうという役割が託されている。このような観点からみると、人文・社会科学のみをことさらに取り出して『組織の廃止や社会的要請の高い分野への転換』を求めることには大きな疑問がある」とし、さらに大学は社会的要請に応えるべきではあるが、その要請は一義的なものではなく、長期的な視野に立つべきものもあるところであり、「教育における人文・社会科学の軽視は、大学教育全体を底の浅いものにしかねないことに注意しなければならない」と強く批判した。

さらに同年９月には、日本経済団体連合会（経団連）が「国立大学改革に関する考え方」と題する提言を公表し、その冒頭で「人文社会科学を含む幅広い教育の重要性」に触れ、文部科学省のこの通知が「即戦力を有する人材を求める産業界の意向を受けたものであるとの見方があるが、産業界の求める人材像は、その対極にある」、「理系・文系を問わず、基礎的な体力、公徳心に加え、幅広い教養、課題発見・解決力、外国語によるコミュニケーション能力、自らの考えや意見を論理的に発信する力などは欠くことができないと訴えている」などと述べて、文系軽視の姿勢を強く否定した。経済界のこの姿勢に、意外にと思われた読者も多かったことであろう。

大きく変わる専攻分野割合

もっとも、文部科学省はこの批判の大きさに対応して、通知の本来の趣旨の説明には追われたものの、通知そのものはもちろん撤回・修正されることなく、現実には多くの国立大学において教員養成学部や文系学部の改組転換を第３期中期目標・計画の目玉に据えたところが多い。また文系批判は、今のところ国立大学に止まっているものの、そもそも文系教育の大半を担っている私学こそ批判の矢面に立つ心配があり、これは今後18歳人口の減少に伴う私学の生き残り方策の議論と相まって、おそらく近々かたちを変えて再燃する可能性が高いと私は見ている。

というのも、私自身が２００５年から２０１５年の10年間の専攻分野別の在学者数割合の推移を調べたことがあり、学生の専攻はその10年間で大きく変わってきていることを見いだしているからである。その結果の一部は本誌第３８２号（２０１６年2月22日）の私の連載に記述してあるが、学士課程では人文・社会・理・工の伝統的四分野の学生数シェアが低下し、代わりに保健、教育の分野が大きく伸びている。世の中の人材需要の変化とともに、学生の実学指向・資格重視の姿勢が背景にあるのであろう。とりわけ保健分野は、医学・歯学を含めてその多くは、国家試験によって取得する「免許」制度に支えられる専門職優位の世界であり、免許がなければ専門職として認められないばかりか、無免許で業務に従事すれば刑事罰さえ科せられるなど、資格によって堅く守られた専門分野である。資格保持と専門職との結びつきが曖昧な文系分野と異なり、保健分野を志望する学生が増えているのは、世の中全体に広がる国家資格取得指向を反映しているからではないかと、私はそのとき思ったのである。その考えは今も同じである。

思えば、学校と社会との関係は、卒業後の進路と強い関係を持っている。文系分野では専攻分野と職業との関係が薄いという批判があるが、かつて大学進学率が低かった時代においては、当初はエリートとして、その後も社会の中核人材として、卒業生がもつ幅広い教養や潜在能力が、他人を統率すべき人材が持つべき資質と考えられ、かつこれが融通無碍な企業のジョブローテーションに適した仕掛けであったからである。今は、受け入れるべき人数を遥かに上回る学生を抱えているから、専攻と職業との曖昧な関係が批判されるのだと私は考える。

進学率と職業教育

　ここで読者の皆さんに思い出してもらいたいことがある。それは中学校や高等学校での教育のことである。上級学校への進学率が低かった昭和30年代、あるいは40年代の初め頃、学校によっては卒業後就職する者が今より遥かに多かった。そして就職者に対しては就職指導や職業教育が広く行われてきた。進学指導にのみ力を入れることは、生徒に対する差別であるとさえ批判されたものだ。その後、多くの高等学校では大半の生徒が大学・短大・専門学校等に進学するようになった。進路指導の重点が直接的な就職指導ではなく、上級学校卒業後の身通しを踏まえた間接的なものになるのはやむを得ない。また、職業教育としても直接的な技能の習得ではなく、将来に備えたものに重点が置かれるのは当然のことである。

　翻って大学教育（学部）はどうであろうか。**図表**に示したように、文系では未だ大学院等への進学率は低い。とりわけ私学では顕著な特徴である。就職者に対する面倒見は、就職先の紹介だけに止まるべきものではなく、キャリア開発やさらには具体的な職業技能の習得にまで及ぶきめ細かな教育を行う必要があるのではあるまいか。学生に人気の高い保健分野あるいは栄養学分野を含む家政、教員養成を含む教育の分野で、進学率が低いこともこれを暗示している。これらの分野では、アカデミックな教育が彼らの将来の職業に結びつくというよりは、実学

図表　大学（学部）卒業者の大学院進学率（2016年）

	国立	公立	私立
人文科学	10.8	7.9	3.9
社会科学	6.5	2.1	2.2
理学	60.3	59.2	27.9
工学	63.3	42.3	19.5
農学	44.3	25.2	7.2
保健	12.6	5.9	2.8
家政	27.9	11.1	1.8
教育	12.2	7.3	2.4
芸術	25.9	19.4	7.7
その他	17.2	18.4	4.7

（出典）学校基本調査に基づく筆者の作表
（注）数値は卒業者に占める進学者の割合（%）である。

的な教育・訓練が他の分野よりも多く求められていると考える。これを捉えて、本来の大学教育のあり方ではないと批判するのはたやすい。しかし、進学率が5割を超える今日、大学教育のあり方そのものの変容が不可避であることも、また関係者が認識すべきことがらなのである。

（2017年7月10日）

6―5 我が国の大学と研究資源 ～リサーチ・エコノミーの実相

研究費全体は増加傾向

近年の大学改革の弊害の一つとして、しばしば語られるのは、大学における研究機能の劣化の話である。とくに国立大学は従来からアカデミック研究の中心的役割を果たしてきて、成否に必ずしもとらわれる必要のない基礎研究を、十分な時間をかけて自由に研究できる、という大学ならではのメリットがこれを後押ししてきた。ところが、法人化によって、研究活動に競争的条件がより多く付加され、教員・研究者の雑務が増え、研究活動に十分な時間が割けない、また研究費自体も国からの運営費交付金の削減によってずいぶん減ってしまった、などさまざまな批判が起こっている。

ただ、国からの運営費交付金は減少傾向にあるものの、研究費全体を見ると、大学総体としては減少しているわけではない。**図表1**に示すとおり、国立大学については横ばいの印象はあるが、総額としてはやや増加の傾向が明らかである。また、国全体の科学技術研究費の中で大学の占める割合は過去30年ほどほぼ20パーセント前後の水準を維持しているので、産業界や国立研究所に比べて遜色があるということでもなさそうである。

しかしながら、問題はその研究費の性格や配分が、大学や分野によってかなり異なることが想像され、その中ではさまざまな問題が生じてきているのではないかという議論はあるだろう。その議論の蓄積はある意味で膨大であり、この小論で私自身が扱うにはあまりにも複雑である。そこで、大学を設置者別・分野別に分け、マクロ的視点からその実相の違いというものを明らかにすることによって、多種多様の議論に一石を投じたいというのが本稿の目的である。

設置者・分野で大きな差異

総務省統計局が実施する「科学技術研究調査」という指定統計がある。この調査は大学だけでなく、産業界や国立研究所など他のセクターの実施する科学技術研究についての膨大なデータを集めるものである。ここでは大学における研究活動を、研究従事者および研究費という観点から、幾つかのデータを整理し、そこから分かった特徴が表す我が国の大学における研究活動の問題点などを見る参考情報を提供することとしたい。なお私は、研究従事者

図表１　わが国の大学の研究費支出額の推移（設置者別・10億円）

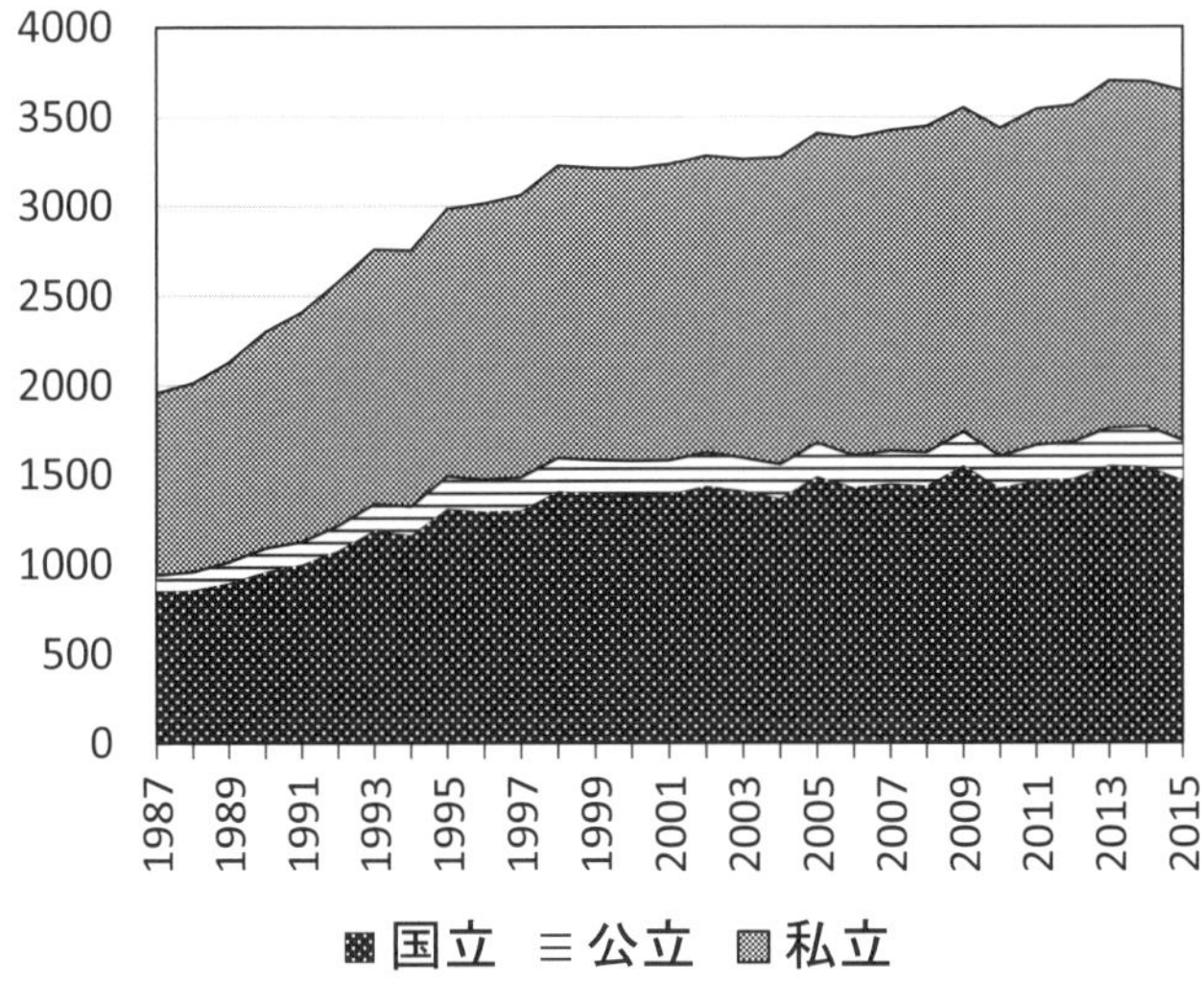

（出典）科学技術統計要覧に基づく山本眞一作図

すなわち研究人材や研究費などの集まりを一つのシステムとして捉え、これに「リサーチ・エコノミー」という名称をつけてみた。これはかつて米国ペンシルベニア州立大学の高等教育研究者であるロジャー・ガイガー教授が、米国における研究に特化した大学組織の特性を分析した中で、Research Economy という用語を使用していたことにヒントを得たものである。

　さて、考察の材料として、科学技術研究調

図表2　わが国の大学におけるリサーチ・エコノミーの現状(2016年・千分比)

		人文・社会	理工農	保健	その他
研究従事者	国立大学	52(36)	224(138)	167(163)	43(38)
	公立大学	10(11)	18(12)	36(35)	7(8)
	私立大学	138(180)	67(65)	179(224)	60(90)
	総計398,821人(研究以外を含めた大学従事者総計833,871人)				
研究費	国立大学	36(36)	217(114)	113(175)	36(26)
	公立大学	9(7)	16(10)	33(57)	7(5)
	私立大学	185(166)	95(77)	179(273)	74(68)
	総計3,604,203百万円(研究費以外を含めた総支出　8,887,300百万円)				
人件費除く研究費	国立大学	26	298	133	22
	公立大学	4	14	43	3
	私立大学	129	96	177	55
	総計1,259,356百万円				
外部研究費	国立大学	22	366	228	24
	公立大学	2	14	43	3
	私立大学	63	87	126	22
	総計749,953百万円				

(出典)科学技術研究調査に基づく山本眞一作表

査の中からいくつかのデータ・セットを取り出して、それを七つの観点から指標化してみた。図表2がそれである。図表には五つの欄しかないではないか、と思われるかもしれないが、比較の便宜やスペースの節約から、（　）内に関係する指標を併記したものであることをご了解いただきたい。考察に当たっては、大学を国立・公立・私立に分け、また科学技術研究調査の分類に従って研究分野を人文・社会、理・工・農、保健およびその他に分けた。その他には、心理学や教育学、家政学が含まれていることにご留意いただきたい。

始めの欄は研究従事者数についてである。これは研究者（教員や博士課程学生など）と研究補助（事務を含む）者を合わせた数字で、イメージをつかみやすいように全体を１０００人とした千分比で表してある。例えば国立大学の人文・社会分野の研究従事者は１０００人中52人ということになる。これを実数で理解したい方は、総計３９８８２１人に１０００分の52を掛けて数値を得ていただきたい。（　）内は研究従事者以外の者も含めたすべての勤務者の数である。この二つの数値の比率の差は、各欄の大学・分野における研究重点度を表す指標として使うことができるであろう。例えば私立大学の人文・社会分野では１３８÷１８０＝０・77という数値が得られるが、国立大学の理工農分野では２２４÷１３８＝１・62と高い数値が算出される。また、理工農分野に配置される研究従事者数は、人文・社会分野に比べて国立で４・３倍も多く、私立では逆の状況になっているのと対照的である。

次の欄以下は研究費に関する指標である。研究費の実額を知りたい方は、上述と同じような要領で、研究費については総額３兆６千億円に千分比を掛けて、また研究費以外を含めた大学としての総支出については総額８兆９千億円に千分比を掛けてみていただきたい。これによると研究費が多いのは、国立大学の理工農分野、私立大学の人文・社会分野、私立大学の保健分野の順であることが分かるが、大学としての総支出額が多いのは、私立大学の保健分野、国立大学の保健分野、私立大学の人文・社会分野である。保健分野には医学、歯学、薬学などを含み、また大学病院の運営の多額の経費を要するからであると考えられる。ちなみに保健分野の総支出額を国・公・私立を通して合計すると全体の5割を超える。いかに医学関係にお金が使われているかがよく分かるというものだ。

国立の理・医系が中核

私立大学の人文・社会分野の研究費が多いのは、ご存知の通り教員の人数が多いからで、教員の数は給料などの人件費の多さと関わるからである。研究というのは決して実験装置や材料費などだけではできるものではない。それには研究を実施するための研究者が必要であり、人件費を研究費に計上するのは当然のことである。但し科学技術研究調査についての総務省の説明によれば「この調査における研究とは、事物、機能、現象などについて新知識を得るために、又は、既存の知識の新しい活用の道を開くために行われる創造的な努力及び探求をいいます」として、教育活動や単なる勉強のための作業を除外しているはずなのに、続けて「大学の教員……は、実際の勤務・活動の態様に関わらず、研究を行っている者（研究者）とします」とあり、従ってこの調査における研究活動やそれを支える資源（金や人）は、実際より過大に出ているのではないかという疑問は残るだろう。

なお、世間一般で言われている研究費すなわち人件費を除く金額や、科研費などの外部研究費に限って集計すれば、人文・社会分野のウエイトはかなり軽くなり、俄然、国立大学の理工農や保健分野の数値が上昇するのは、図表2の該当欄から明らかである。外部研究費に占める国立大学の割合は、合計で3分の2近くを占めており、とくに理工農や保健分野が大学の研究機能の中核的な場であることが分かる。この部分の研究環境の良否は大学の研究機能の将来を左右するものであるとも言えよう。リサーチ・エコノミーの実相は世間の常識とそれほど大きくは離れていないのである。

（２０１８年2月26日）

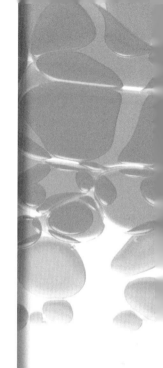

第７章

審議会と政策形成

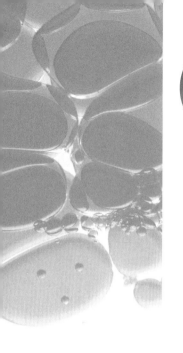

7─1　審議会と高等教育政策
～大学分科会委員構成を見て

大学教授の行政への関与

皆さんもよくご存知の高等教育研究者、潮木守一氏の数ある著作の中に『京都帝国大学の挑戦』（講談社学術文庫）というものがある。この本は、先発東京帝国大学に対して果敢な挑戦を試みた新興京都帝国大学に着目し、当時の法科大学教授高根義人の奮闘を軸として、明治期の東西帝国大学法科大学が、学術研究と高文試験を巡って揺れ動く実態を活写した名著である。但し、今回はこの主題には直接は触れない。

私がこの本の中で興味を持ったのは、「明治期の東京帝国大学の教授たちは、陰に陽に中央政府との係わりをもち、国政に参画していたが、京都帝国大学の教授には、実際問題としてそれは不可能なことであった」（同書19頁）と書かれた部分である。続けて同書では、当時東京帝国大学の学生であった吉野作造の回想を引用して、「今日は閣議がありますからとて講義半途に迎えの腕車に風を切って飛んでいく先生の後ろ姿をうらやましげにながめたこともしばしばある」と法科大学教授たちの忙しさと彼らの行政官庁との深い結びつきや国政の中での活躍ぶりを伝えている。

潮木氏がここで着目したのは、当時の大学教授の行政官兼務という事実であり、「明治期の東大教授は大学の教師であると同時に、高級官僚としてのポストをもあわせもっていた」ということなのである。しかし、京都帝国大学の教授たちには、地理的条件からそれはできず、これも一つの遠因となって彼らは東京帝国大学とは別途の教育を試み、しかも挫折したのであったらしい。今日でも、大学教授はさまざまな兼職をしている者がいる。有名大学教授となれば、他大学や産業界だけではなく、政府との係わりを持っている者も数多いことが推測される。その典型例が審議会委員ではなかろうか。

中央教育審議会の役割

現行制度下における審議会とはどのようなものか。国家行政組織法はその第8条において「国の行政機関には、法律の定める所掌事務の範囲内で、法律又は政令の定めるところにより、重要事項に関する調査審議、不服審査その他学識経験を有する者等の合議により処理することが適当な事務をつかさどらせるための合議制の機関を置くことができる」と定めている。文部科学省に置かれる審議会としての中央教育審議会は、国家行政組織法に基づく中央教育審議会令によって、その組織、委員、分科会、部会等の規定がなされている。そこには、教育制度分科会、生涯学習分科会、初等中等教育分科会と並んで大学分科会が置かれ、大学や高等専門学校における教育の振興に関する重要事項の調査審議や、学校教育法の規定に基づき審議会の権限に属させられた事項の処理を行うものとされている。

中央教育審議会は、もともと旧文部省に置かれており、２００1年の省庁再編時に旧来の生涯学習審議会、教育課程審議会や大学審議会等を統合するかたちで再発足したものである。但し、実質的には分科会が旧来の各審議会の役割を受け継いでいる。委員の任期が2年（再任可）であることから、これまで8期16年の歴史を数えるが、委員の任命が毎期2月であることから、本稿が皆さんの手元に届く頃には、新たな委員が任命されているかもしれない。

大学分科会委員の構成

このことを承知の上で、これまでの大学分科会の委員構成を整理してみると、**図表１**のようになる。委員、臨時委員、専門委員の数は合計で１２５人に上る。なお、この数には分科会に設けられた部会の専門委員等は含まれていない。私自身も一時期専門委員として所属していた大学分科会制度・教育部会については、この１２５人には含まれていない。ただ、高等教育の重要事項の試問に応じ、数々の答申・報告案の審議を行ってきたということを、分科会レベルの大きな傾向を見るには、この図表１で十分であろう。

図表１に現れた１２５人の主な出身母体を五つに分類してみた。もっともこれは委員名簿から私自身が判断して、いずれかに振り分けたものであり、委員の中には複数の母体をもつ者もいることを承知おき願いたい。委員の出身母体の多くは大学関係者であり、その割合は３分の２に及ぶ。大学のことは高度な専門的知識が要求されることが多いから、その割合が多いことは概ね首肯されることと思う。国立が学校数に比して多いという印象があるが、現実問題を考えるとこうなるのだろう。ただ、その中でも多いのは、学長や理事長など

図表１　中央教育審議会大学分科会在任年数別・出身母体別委員数（2001－2017）

	合計	16年	14年	12年	10年	8年	6年	4年	2年
総計	125	1	0	3	4	8	18	37	54
国立大学	35			2	1	2	3	12	15
公立大学	7						1	2	4
私立大学	39	1			1	2	8	11	16
独法等	10			1	1	2	2	1	3
産業界その他	34				1	2	4	11	16

（出典）文科省公表資料による山本眞一の分析・作表
（注）大学分科会に所属する委員・臨時委員・専門委員の合計

大学経営に責任を有する立場の委員であり、高等教育研究者をはじめ専門分野の教授として分科会に所属している者はさほど多くはない。東京大学の学長も複数含まれており、潮木氏の著作では国の行政に加わることが無理との記述があった京都大学やそれ以遠の大学の学長も含まれている。交通や通信手段の発達により、大学教授が行政に関わる機会は、帝国大学の時代よりも開かれたものになっていることが分かる。

委員の9割近くは3期6年以内で交代しているようだ。これは多数の委員から多様な発言を引き出すという意味合いで良いことであろうと思う。経済団体をバックに選ばれる者が多いと思われる産業界出身の委員も同じである。但しよく見ると、長期にわたり委員の職にある者も散見される。さまざまな理由があってのことと思うが、個別の事情についての論評は差し控えることにしよう。

答申は論文ではなく

さて、そもそも審議会の役割は何であろうか。私は、少し前から図表2のようなポンチ絵を描いて、授業や講演等で使っている。この図表で最も言いたいことは、審議会で出される答申は、諮問を受けそこでの議論の結果をまとめたものではあるが、実際には結論作りを目指して、さまざまな利害

図表2　審議会による政策形成モデル例

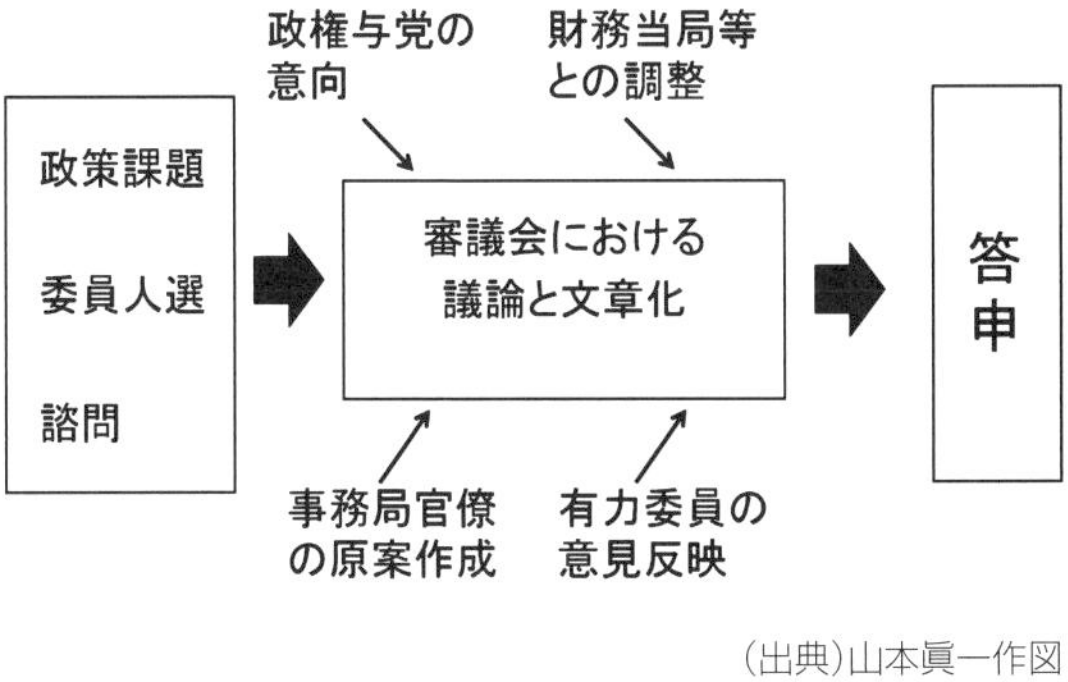

（出典）山本眞一作図

関係者あるいはステークホルダーが、「修文」という名の調整を行うことである。この図表では四つの代表的利害関係者しか出ていないが、読者の皆さんの中にはこれより多くの利害関係者を指摘される方もいるかもしれない。近年の中教審答申は膨大な分量の本文に加えて、参考資料や用語解説まで附属していて、さながら教育政策の教科書や学術論文であるかのような外見を有しているが、その本質は合理的に思考・分析された学術論文というよりは、さまざまな利害を調整しつつ、妥当な政策立案に適合するように取りまとめられた政策文書であることを忘れるべきではない。これは最近に始まったことではなく、遠く昭和の時代の審議会答申についても言えることなのであるから。

（２０１７年2月13日）

7―2　中教審への新たな諮問～未来像は描けるか？

2040年頃を見通せるか

今月（2017年3月）6日、文部科学大臣から中央教育審議会に対して新たな諮問があった。「我が国の高等教育に関する将来構想について」と題するこの諮問は、諮問理由の文面から判断して、高等教育を取り巻くさまざまな条件が大きく変化する中、中長期的観点から概ね2040年頃の社会を見据えて、目指すべき高等教育のあり方やそれを実現するための制度改正の方向性などを問うたものと読み取ることができよう。その意味で、2005年の将来像答申以来の幅広い議論が、今後進むものと思われる。

但し、2040年頃の社会を正確に見据えることは極めて困難であろう。それは過去の歴史を振り返っても分かることであり、今回の大学改革が本格的に始まった1990年代の初め頃に、わずか四半世紀のうちに大学がこのように変わるであろうこと、例えば国立大学の法人化や認証評価制度の導入を、果たして何人の識者が予測し得たであろうと考えるだけでも納得できるだろう。また、高等教育改革には政府の力、より正確に言えば時の政権の影響力がいかに大きいかは、現在の教育再生実行会議の提言とその実行過程を見ても明らかであり、2040年頃の我が国がどのような政権を抱え、政府と大学との関係がどのようになっているのかも極めて予測し難いことがらである。

したがって、2040年はおろか2030年代についても、時代状況を正確に見据えようと努力はするだろうが、その展望はどうしても人口推移予測に頼った断片的なものにならざるを得ず、実際の中教審の審議は、今後数年程度の見通しの中での改革論議になってしまうのではあるまいか。もしそうでないと文科省や中教審関係者が言うのであれば、現時点での細かい制度や制約要因に囚われない大局的な議論を是非してもらいたいものだ。

関係者の関心は経営問題に

さて、諮問理由に挙げてある四つの観点、すなわち①各高等教育機関の機能の強化に向け早急に取り組むべき方策、②変化への対応や価値の創造等を実現するための学習の質の向上に向けた制度等のあり方、③今後の高等教育全体の規模も視野に入れた、地域における質の高い高等教育機会の確保、④高等教育の改革を支える支援方策のあり方は、いずれも重要な観点であるが、とりわけ高等教育関係者の関心が高いのは、観点の③に関わる今後の高等教育全体の規模や、その中での大学経営に関わる諸課題なのではあるまいか。とくに定員割れで経営悪化に苦しむ地方大学や小規模大学については、生き残りをかけて日々の苦闘が続いており、中教審の今後の議論に重大な関心を抱いているに相違ない。

そのことは諮問当日、事務当局が出した会議の参考資料からも伺えよう。すなわちその参考資料には数多くの関連データが示されているが、その多くは今後の人口推計、高等教育機関の数や在学者数、地方と都市圏との差異を意識した大学進学状況、高等教育機会の地域格差など、学生数の現状や近い将来の見通しについてのものであり、とりわけ人口変動とくに18歳人口の継続的な減少は２０４０年頃の高等教育環境として最も深刻なものであると、文部科学省も見ていることを暗示している。実際、諮問理由の中でも18歳人口について「2005年に約137万人であったものが、2016年には約119万人にまで減少しています。今後18歳人口は2030年には約100万人にまで減少し、さらに2040年には現在のおよそ3分の2に当たる約80万人となるという推計もあります」との記述があり、1990年代前半には200万人もの18歳人口があったということを省いた記述とはいえ、これまでになく厳しい見通しを示している。

18歳人口がなぜ重要な指標になるかといえば、我が国の大学はその18歳から22歳までの若者によって支えられているからである。私は毎年勤務校において、オスロ大学との協定に基づき彼の地から来る大学院生数名に、日本の高等教育における国際化その他の改革状況を講じているが、彼らが口をそろえて言うのは「日本の学生が子どもっぽく見える」ことである。実際、ヨーロッパの大学には多数の成人学生がおり、そのことはOECDの比較データによっても明らかである。翻って我が国においては、キャンパスがあたかも若者によって占拠されているがごとくの状況であることは周知の事実である。しかし我々が当たり前と思うこの現状の理由については、あまり正面切って論じられていないのが問題である。

もちろんその理由は、卒業後の彼らの進路と関わっており、学士課程に学ぶ学生の多くが、若年でないと大企業への就職が難しいことを知っているからである。残念ながら、日本の現状は、専門分野の知識・技術を活かしいきなり企業の管理職・専門職になるというよりは、下積みの仕事を経て企業内で昇進を遂げていくという、「一社懸命」のライフコースがまだまだ健在であり、大学院のような高次の学歴をあまり重視しない社会である。しかし高等教育のグローバル対応というのは、高次の学歴の国際共通化にあると私は見ており、そのような眼で見ると、ブリーフケースを片手に海外を飛び歩く若手社員というようなイメージ先行のグローバル化論はともかくとして、我が国の大学はまだまだ学位の価値を重視しない非グローバルな状況の中にあると言えるのではあるまいか。このことが今回の諮問の視野にあるのか不明であるが、関係者はぜひ学位・学歴の価値とグローバル化の関係についても検討してほしい。

マイナス・サム状況の中で

いずれにしても、18歳人口が減少を続けるということは、各大学がこれまで通りの学生数を確保できないであろうことを意味する。ゼロ・サムゲームどころかマイナス・サムゲームを強いられる大学は、総論としての高邁な大学改革論を超える具体的な処方箋、すなわち各論としての学生確保や経営安定方策を早く示してほしいという状況にまで追い詰められている。諮問理由の中には大学等の「機能の強化に向けて教育課程や教育方法の改善、学修に関する評価の厳格化、社会人学生の受入れ、他の機関と連携した教育の高度化などの様々な観点から、早急に取り組むべき具体的施策や制度改正」との記述が見られるが、そこに注力し成果が得られる大学は、段々と少なくならざるを得ないというのが現下の状況ではあるまいか。経営が困難化する多くの大学とりわけ地方小規模大学にどのような処方箋を提示するかについては、文科省内に置かれた「私立大学等の振興に関する検討会議」が、詰めの議論を行っているものと思うが、その会議の結論と今後の中教審の議論を見守りたい。

これからの高等教育のあり方は、しかし、経済問題を抜きに語ることはできないであろう。諮問理由にも触れられている「まち・ひと・しごと創生総合戦略」は現政権の地方振興における目玉政策であるが、その要点はやはり地方経済の活性化に求めなければならない。地方経済が活性化し大学卒業者の雇用機会が拡大してこそ、地方大学の生き残りの道が開けるものだ。その意味で「東京における大学の新増設の抑制や地方移転の促進等についての対策」は、あくまで当座の対策の一つであって、地方経済の活性化なしには、この当座の対策ですら奏功するとは考えがたいのである。

（2017年3月27日）

７―３　２０４０年の高等教育〜中教審中間まとめを読む

今秋予定の答申に向けて

中央教育審議会大学分科会の将来構想部会は、２０１８年6月8日の大学分科会との合同会議において、「今後の高等教育の将来像の提示に向けた中間まとめ（案）」を提示した。また6月25日の会合では、この案を概ね了解したとの報道である。大学を巡る環境変化の中で不安を抱える大学も多い中、多数の関係者の関心を集めているこの話題について、公表された中間まとめ（案）（以下「中間まとめ」という）に基づいて、若干の私見を述べてみたい。

この中間まとめは、昨年の文部科学大臣の諮問にあった四つの事項、すなわち⑴各高等教育機関の機能の強化に向け早急に取り組むべき方策、⑵変化への対応や価値の創造等を実現するための学修の質の向上に向けた制度等のあり方、⑶今後の高等教育全体の規模も視野に入れた、地域における質の高い高等教育機会の確保のあり方、⑷高等教育の改革を支える支援方策のあり方、のうち⑷を除く三つの事項に関するものであるという。これをまとめるに当たり、中間まとめでは「２０４０年の姿」と題して、中間まとめ全体の4分の1以上のスペースを使って、長い「はじめに」を置き、続いて高等教育の役割を挙げ、さらに高等教育機関の教育研究体制に同じく4分の1近くを割いている。残りの教育の質の保証と情報公開、18歳人口の減少を踏まえた大学の規模や地域配置、各高等教育機関の役割等は比較的簡潔であり、末尾に今秋に予定される答申に向けた検討課題が書かれている。

私が一番に興味を持ったのは、多くを割いて書かれた2040年の高等教育の姿である。2040年は遠い未来のことではないが、しかし通常の人間の視野の内に入るほど近い将来でもない。中間まとめがいみじくも述べているように「本年に生まれた子供たちが、大学の学部段階を卒業するタイミング」であって、22年先というのは一つの時代変化を実感するには十分な長さである。現在、高等教育政策や大学経営に携わっている人たちも、この頃までには第一線を退き、大学というものの動きに実質的には関わっていないであろうが、しかし長寿社会が続くなら存命していて、自らの決定の責任を感じるに違いない。長期的政策立案の目標としては、ちょうど適当な長さかもしれない。

２０４０年社会の見通し

その２０４０年頃の社会について、中間まとめは社会変化の方向の「一端」と断りつつも、五つの変化を挙げている。一つ目は、国連が提唱する「持続可能な開発のための目標（ＳＤＧｓ）」として「貧困に終止符を打ち、地球を保護し、全ての人が平和と豊かさを享受できる社会」という目標に基づく社会である。二つ目は、２０１５年策定の第5期科学技術基本計画で始めて提唱された「Society5.0」で、狩猟社会、農耕社会、工業社会、情報社会に続く5番目の新たな社会のことであり、「仮想空間と現実空間を高度に融合させたシステムにより、経済発展と社会的課題の解決を両立する、人間中心の社会」（内閣府）であるとされる。三つ目は人生百年時代を迎える社会、四つ目はグローバリゼーションが進んだ社会、五つ目は地方創生が目指す社会であり「生まれ育った地域で、個人の価値観を尊重して生活し、その地域を豊かなものにしていくための継続的な営みができる社会の実現が期待される」（中間まとめ）としている。

いずれの社会変化の提示も、科学的・合理的な分析による予測というより、現下の政策推進課題と密接に関係したものが多く、果たしていかがなものかと思われる読者も多いことであろう。しかし、いずれにせよ22年先を見通すならば、その間にさまざまな大きな変化が起きるであろうことは、誰にでも理解できることである。それは大学という社会制度についても例外ではない。中間まとめでは「高等教育システムは、国、地域を越えて転換される『オープン』な時代を迎えている」として、世界的課題解決に貢献するなど、「競争」ではなく「共創」「協創」の発想が必要なこと、個々の教員の教育手法や研究が中心ではなく、学習者の主体的な学びの質を高めるようにシステムを構築すること、一つの機関での固定化された学びではなく、「生涯学び続けられるための多様な仕組みと流動性を高める方策」が必要なことなどが述べられている。これを敷衍すれば、私は近い将来、固定されたキャンパス、多数の者があらかじめ設定されたカリキュラムに沿って同時に学ぶ授業形態、画一的な授業期間の設定、決められた数以上の専任教員など現在の大学を形成するさまざまな制度的、社会的制約すら弾力化され、個々の学習者のニーズに応じた極めて柔軟な大学システムというものを構築しなければならなくなるのではないかと考える。その意味では、「高大接続」など初等中等教育からの接続を大学に求めることは、私には高等教育の自由な展開を阻害するだけではないかと心配に思える。特に近年、大学を高校の延長と考える「学校化」の傾向が強まっているが、果たして２０４０年の社会ではこの点はどのようになっているであろうか。

大学を巡る光と影を意識して

さて、大学を含む高等教育の将来を考えるに当たって基本的な問題は、さまざまな社会的変化の中で、知識の生産や伝達を主な機能として持つ大学の役割がますます大きくなる一方で、18歳人口の継続的な減少の中で経営困難に陥る大学が相当数存在するというジレンマがあることである。このまま放置すれば現行の大学制度は大きな混乱に陥るかもしれない。いわば大学を巡る光と影の問題の同時解決が必要である。当然、大学の中にはこれから２０４０年までの間に、統合・吸収も含めて撤退の道を探らなければならないものも相当数出てくることであろう。中間まとめによれば、将来の進学動向の推計を具体的なかたちで「見える化」し、「高等教育の将来像を国が示すだけではなく、それぞれの地域で将来像が議論されるべき時代」を迎えていると述べている。大学等の連携・統合の手法や大学のガバナンスに関するさらなる規制などは国が用意するようであるが、「地域連携プラットフォーム（仮称）」の提示などは、大学関係者が最も知りたい具体的な将来像から少々距離を置いた言いようではないかと、私には思える。もっとも国の政策文書としては、個々の大学の命運までは明示どころか暗示もできないであろうから、これが限度といえばその通りである。

そこで、私なりの理解をイメージにして表現してみたのがこの**図表**である。現在の大学（制度）は、個々の大学の機能分化、撤退、統合、合併などを繰り返しつつ、２０４０年に至るまでの間に、人口減に見合った数の大学とその学生収容

図表　問題の枠組み（イメージ図）

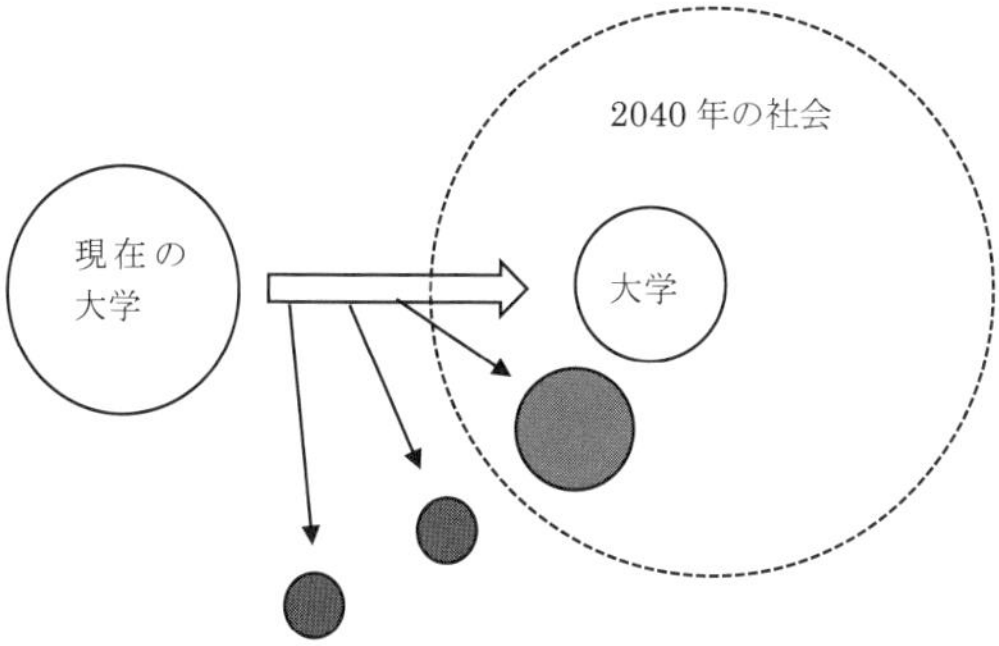

（出典）山本眞一による作図

規模とが残るであろう。これらはいわば今の大学の価値観に近い教育・研究機関である。ただ、中間まとめの言うような社会が実現しているとすれば、大学の機能分化の先にもっと自由で弾力性をもった高等教育機関ができていることであろう。それが大学とは別の、図表では黒く塗った円で表した機関である。この機関はまさに生涯学習社会やSociety5.0のシステムにふさわしい新たな発想で生まれた大学類似の教育機関として、その頃には大いに注目されているに違いない。学生数の減少に苦しむ今の時代を乗り切ることができれば、２０４０年の社会は大学にとってより明るいものになるに相違ない。ただし今以上に知恵が要求されることは確実なことではあるが。

（2018年7月9日）

7－4　将来像は誰のために？～中教審答申案を読む

２０４０年に向けた高等教育の将来像を審議している中央教育審議会では、このほど「高等教育のグランドデザイン」と題する答申案を取りまとめ、これを公表した。この答申案については10月10日付けでパブリック・コメントすなわち意見募集を行う旨公示されているが、本連載記事が出る頃にはこれも終り、正式答申へ向けての次なる手続が進んでいることであろう。

この答申案に係る審議は、大臣からの諮問後1年半の日時をかけ、また将来構想部会を設けて精力的に行われてきた。18歳人口の急減圧力が強まり、政治を含め高等教育を巡る環境変化の著しい中、マスコミ報道、業界誌の記事に加え、ＳＮＳなどを見ても審議会傍聴者からの書き込みも盛んで、周りの高い関心を窺わせる。ただ、答申案は5万字の長文で51頁もの分量を費やしたにしては、その中核たる２０４０年の我が国の高等教育の規模や姿、そして文科省を始め政府の取るべき方策については、なんとなく曖昧な印象は否めない。それは、この問題を含めて昨今の大学改革が文科省の枠を超えて著しく政治化してきていること、また規模の問題は関係者の利害に関わることであり、議論は極めて慎重にならざるを得ないこと、などが理由であろう。委員とりわけ産業界の人々はかなり自由に発言しているようであるが、事務当局である原案作成者はいつも以上に修文に気を遣い、かなり苦しい文章作りに明け暮れたのではないかと同情を禁じえない。

学生に向けた答申案？

だがそれにしても、答申案で最も重要と思われる第四章すなわち規模や地域配置の問題の言及に至るまでに、全体の７割近い34頁もの文章を第三章までに書き込むというこの答申案の構成はいかがなものであろうか。あまりにも多くの精力を前半部分に費やしているのではないか。確かに前半部分は、後半の話しを正確に理解するためには必要だとしても、中教審以外のものも含め、これまでの答申や報告そして現実の大学改革の中でも取り上げられてきていることの繰り返しが多い。私のような高等教育の専門家から見れば「いまさら」という感が強い。私は、これまで数多くの修士論文の作成指導をしてきているが、この答申案の前半部分は、あたかも院生が提出した未来社会を論ずる修士論文のごとくである。大学関係者が知りたいのは、政府として採るべき政策のことであり、大学に対する指示を聞きたいのではあるまい。答申案自身には「現在高等教育機関で学んでいる学生に対し『我が国の高等教育がこれからどう変化していくのか』を提言すること」とあり、答申自身が政府ではなく学生に向けて書かれていることを明言しているが、私の印象から言えば、ここに取り上げられていることは、その学生たちに加えて大学や大学を利用する関係者に対する注意や心構えのようなものでもあり、きわめて教訓的な言いようである。仮に、これが政府に向けられたものでないのだとすれば、答申というよりは、もはや政府の広報文書に当たるものではあるまいか。半ばそのような気持ちで読み進まざるを得なかったというのが正直な感想である。

高等教育の将来を本気で心配する身として、いささか筆が滑ってしまった。今一度、この答申案の中身をしっかりと見てみよう。グランドデザインというタイトルにあるように、２０４０年の高等教育の姿の描写と必要な政策が、この答申案の中核である。答申案では、社会変化の方向として、ＳＤ

Ｇｓ、Society5.0、人生１００年時代、グローバリゼーション、地方創生などの中教審自身の考案ではない出来合いのキーワードを散りばめつつ将来を語り、その上で大学が社会とのつながりをより緊密にする中で、「多様性と柔軟性の確保」の中で２０４０年の大学システムを維持すべきであると説いているようである。社会変化の方向性の一端は確かにこのようなキーワードで語ることはできようが、そのほかにも、格差社会の本格的到来、グローバリゼーションへの反発、移民問題、国際紛争の激化、気候変動や自然災害などさまざまなキーワードが考えつく。その意味で、答申案の言う社会変化は数あるシナリオの一つに過ぎないものではないだろうか。政策担当者も大学関係者も、より広い視野に立って、さまざまな可能性に応じた将来の高等教育の姿を、一つの結論に止まらず多様な選択肢として描き出すべきではないだろうか。「代替案」の考察は政策立案や大学経営にとって非常に大事な作業であると思うが、始めに結論ありきの将来像でないことを期待したい。

困難が予想されるリカレント

次に、答申案では留学生のさらなる獲得に加えて、リカレント教育推進をその目玉にしているように見える。現に多くの報道もそのことを強調しているかのようである。しかし、リカレント教育はＯＥＣＤで提唱されて既に40年以上の年月が過ぎていて、私自身も若い頃に文部省の学術国際局で担当係長として仕事をした経験があるほどであるが、その伸張はそれほどでもないことを痛感している。原因の多くは明らかで、我が国における企業の雇用形態が新卒しかも学士卒に圧倒的に有利な扱いになっていることがその最大のものである。いみじくも答申案自体でも「新卒一括採用や流動性の低さ等の産業界の雇用慣行にも変化が求められる」としているように、リカレント教育の推進のためには、雇用や産業政策の領域で画期的な改革提案がなければ、これまで通り大学側がいくら努力しても、原因と結果のサイクルの好循環は期待できそうにもない。また、リカレント学生には費用と効用とのバランスを考えた授業料設定が必要なことも当然である。

さて、答申案の一番の目玉は、２０４０年の高等教育の規模とそれを維持・運用するための政策や各大学の行動のことである。答申案では、機械的に推計した18歳人口は今の８割程度になるので、18歳人口のみに依拠した大学経営では現在の規模は維持できず、その代替として社会人や留学生の入学に期待し、その理由として大学教育をより必要とする社会変化にこれを委ねているようである。

但し、物事はそうそう簡単に進むとは思えない。そもそも現時点の大学システムにおいても、図表の左側に示すように、時代の要請に合った高度な知識の獲得を求める学生や社会が求める優秀人材を輩出できる大学（黒塗り部分）は、一部の限られた部分であるのが現実である。残りの多くの学生や大学は、マス化の進行に伴いその恩恵にあずかって拡大を遂げてきたと見ても、決して過言ではない。これに対して、２０４０年の大学では、母数となる18歳人口の減少により、全体規模の縮小は避けられないし、あえて維持しようとしてもそれは図表右側の図形において破線で示した部分のように、大学とは異なる高等教育機関（主として職業教育機関）としての道を模索せざるを得ないであ

図表　2040年の高等教育（大学）のイメージ

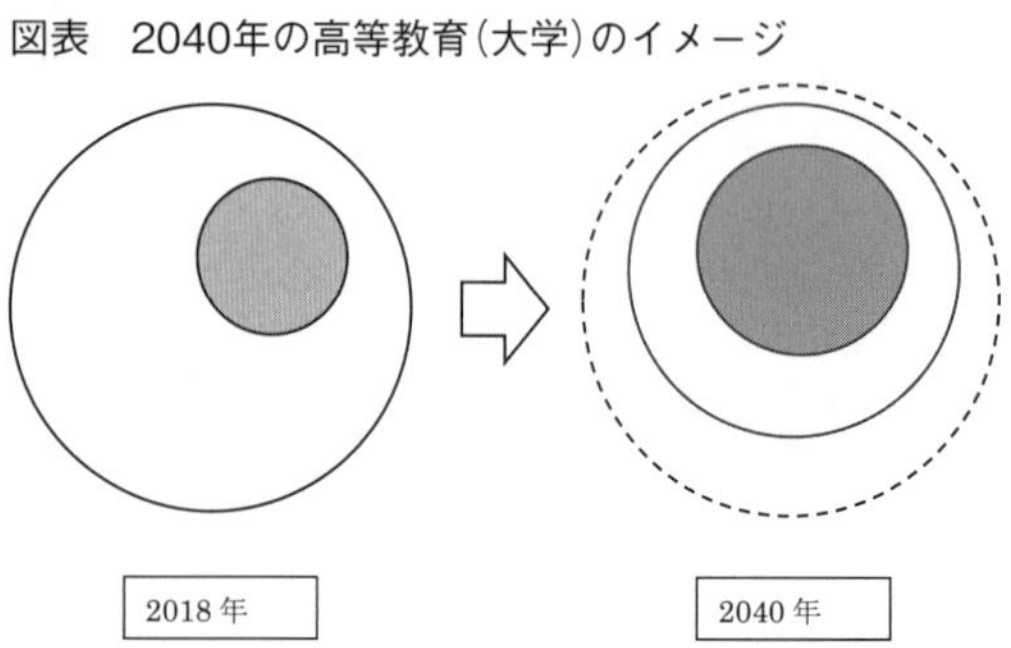

（山本眞一作図）

ろう。

一方、答申案では、色塗りの部分の学生や大学をより高度に、より多く育てたいとの意向があるように見える。これは正しい方向ではあるが、高度な研究、専門的な学修・訓練の場は、大学以外にもありうるし、また仮に大学で行うにしても、国内に止まらずグローバルな競争に晒されることは間違いない。その意味で、この答申が出るであろう２０１８年は政府にとっても大学にとっても、更なる苦難の一里塚であると思えてならないのである。

（2018年11月12日）

７―５　未来の予測可能性 ～中教審答申はどこまで見通せるか

前回（第４４７号、２０１８年11月12日）の続きである。このたびの答申案ではそのタイトルに「２０４０年に向けた」とあるように、「現在高等教育機関で学んでいる学生に対し『我が国の高等教育がこれからどう変化していくのか』を提言すること」を目標にしている。だが、２０４０年は今年生まれた子どもたちが大学（学部）を卒業する時期ということで、その22年間の間には予想もしなかったことが起こっても不思議ではない。前回の記事で私は、答申案の言う社会変化は数ある可能性の一つに過ぎないものではないか、と述べた。実際、過去のさまざまな予測は、その後の社会状況の推移や高等教育政策の内容によって、大きく変わることを我々は経験してきているのである。

これまでの予測と実際

中教審やそれ以前の臨教審や大学審において、これまでもしばしば将来見通しは述べられてきた。１９８７（昭和62）年の臨時教育審議会最終答申では「我が国は21世紀に向かって社会の成熟化への展開、情報中心の科学技術への転換、新しい国際化への移行の時期にさしかかっている」として、高等教育についてもこれらに対応した個性化・高度化が必要であるとした。１９９８（平成10）年の大学審議会答申では「一層流動的で複雑化した不透明な時代」と言いつつも、「地球規模での協調・共生と一方では国際競争力の強化が求められる時代」、「少子高齢化の進行と産業構造や雇用形態等の大きな変化」、「職業人の再学習など生涯学習需要の増大」、「豊かな未来を拓く学術研究の進展」など、当時の知見を総動員するかたちで見通しを述べている。また2005年の中教審将来像答申でも、「高等教育計画の策定と各種規制の時代から将来像の提示と政策誘導の時代へと移行する」との認識の下、高等教育の全体規模、地域配置、人材養成の分野別構成など量的変化の動向を述べ、各種の高等教育機関の役割等について詳細な見通しを示している。いずれも知識基盤社会の到来を視野に入れてのことである。

これらの見通しがその後的中したかどうかは、人によって判断が異なるだろうが、例えば臨教審答申時に提唱された諸改革は、大学の評価、情報公開、教員の任期制、大学の設置形態の抜本的な検討、学長のリーダーシップの発揮などは、実際これほど急激に進むとは、当時おそらく誰も予想していなかったであろう。また大学審議会および中教審将来像答申で述べられた事柄も、部分的には実現されたものも多いが、認証評価、法人化、競争的資金が副作用をも生み出し、これが各大学をこれほど苦しめるものになろうとは多くの大学人が想定はしていなかったであろう。今回の答申案では2040年という目標年をあらかじめ設定し、その社会変化に合わせた高等教育機関の役割や改革について提言を行おうとしているように見えるが、果たしてどれほどの精度が期待されるであろうか。

バックミラーに映る未来

高等教育の未来予測において難しいのは、人間の発想力、構想力を含めた予測能力の限界のことである。我々は過去の出来事の分析はできても、未来に起こりうることの予測はかなり不得意なのではないか。中教審や大学審でもさまざまな見通しは示すことはあっても、多くは現状の延長すなわち「外挿法」によるものがほとんどで、かつそれらの的中率はさほど高くはない。例えば18歳人口の予測は、出生率の変化によって大きく変動する。２０１２年の厚労省の予測では、２０４０年の18歳人口は80万人（いわゆる中位推計値）とされて、我々大学関係者は大いに心配したものだが、２０１７年の予測値では88万人と１割ものボーナスが付いた。今後出生率の変化があれば、予測値がまた下がるかもしれない。また、将来像を表現するのに使われている「ＳＤＧｓ」、「Society5.0」、「人生１００年時代」、「グローバリゼーション」、「地方創生」などのキーワードは、現在既に中教審以外でも言われているものであって、10数年先の例えば２０３０年頃に何がキーワードになっているかを予測するのさえ困難な状況である。まして、この答申案にはない他のキーワードを加えれば、前回論じた通り、２０４０年の世界は全く違った風景になるに違いない。

（出典）山本眞一描画

このように比較的短期の将来予測でさえ困難なことは、バックミラーだけを頼りにクルマをバックで運転しているときのことを想像すれば容易に分かるであろう。今回のために描いたイメージを見てもらいたい。このクルマのフロントガラスの先には去りゆく景色が鮮明に見えるのに、進行方向の様子はバックミラーに映る限られた視野に頼るしかない。だが、クルマをバックで運転する際には前進時よりも危険を伴うことは誰でも知っているのに、未来予測が不確実であることの危険性は、誰もあまり注目しないようである。少しでも未来予測を確実なものに近づけるための手法はいろいろ考案されているが、いずれも長短あって100年先はおろか、今回グランドデザインとして提示されている22年先の2040年でも怪しいものである。したがって、現実的には、前回も書いた通り、いくつかのシナリオを書いて、それを前提とした対策や政策を立てるしかないのではあるまいか。「代替案」のさらなる提案を期待したいものだ。

気になることと将来予測

いずれにせよ、気になることが私にはある。その第一は、大学の「人材選抜機能の劣化」である。従来、大学が持つ機能として、教育・研究・社会貢献と並んで、多くの入学志願者の中から学力による試験によって選ばれた者だけを受け入れ、彼らの潜在能力が入試によって示されたことをアピールしつつ、世の中に出すという機能が大学にはあった。学問的に言えば、「人的資本仮説」ではなく「スクリーニング（篩い分け）仮説」が我が国の大学教育にはより当てはまるとした学者も少なくはなかった。したがって、入試こそが大学の強さの一番のポイントであった時期が長く続いていた。ついこの前のことのように思える1993年に18歳人口が200万人を超えていたとき、大学・短大への入学志願者は120万人、実際に入学できた人数は80万人であり、受験生にとっては厳しい状況であったことが思い出される。

しかし2000年頃には志願者数の減少によって、高校現役の志願者数と、実際の入学者数が一致するまでになり、以後今日まで現役入学志願者数は大学・短大入学者数を下回り続けている。実質的な全入時代の到来である。個々の事情はさておき、全体としては大学が学生を選ぶのではなく、学生が大学を選ぶというかたちになり、大学と学生との関係が逆転してしまった。このことが、大学入試や学生に対する教育さらには卒業後の就職に至るまで、大学というシステムに極めて大きなインパクトをすでに与えており、かつその影響は18歳人口の継続的減少によってさらに強くなるに相違ない。

第二は、「大学教育の有用性に対する人々の疑念」の増大である。今はまだ、過去からの惰性もあって若者は大学に行くものだという社会通念があるようだが、毎年数十万円から二百万円以上の授業料を払って大学教育を受けても、結果として就職を含め将来人生設計に役立つことが少ない、と学生や親たちが疑念に思うようになれば、やがてはこれが志願者数減少の大きな要因となるであろう。国家資格によって守られている医学・医療系や、産業界からの根強い支持のある工学分野はさておき、人文・社会科学系の分野の大衆化した大学教育には大きな不安が待ち構えている。とくにこの分野のウェイトが大きい私立大学には深刻な話となるだろう。２０４０年までにどのような解決策を見出すべきか、皆で考えるべき深刻な課題である。

（2018年11月26日）

第8章

高等教育をより深く理解するために

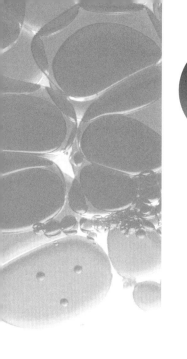

8―1　激動の時代を乗り切る二つの理論枠組み

研究会・研修会は数多いが

今日我々が直面しているような激動の時代を乗り切るには、政府が次々と打ち出す大学改革プログラムに上手に対応することも重要だが、それとともに、的確な情勢分析と巧みな経営戦略を用いて、それぞれの大学の維持・発展を図る必要がある。このために、高度な大学マネジメントの知識や手法を知り、また経営を担う大学経営人材と呼ぶべき優れた大学アドミニストレーターが必要なのである。私が所属している桜美林大学大学院の大学アドミニストレーション研究科は、２００１年の設立以来、そのような役割を果たすべき人材の教育に当たってきている。

近年、各地でさまざまな研究会・研修会が開かれている。その数は極めて多く、東京などでは、時季によっては、一日にいくつもの会合が開催され、関係者はどの会合に出るのがよいのか迷うほどである。もっとも、研究会にもさまざまな種類があって、重鎮や有名人を呼んで彼らの経験談を聞かせるものから、実務的な情報を教え、また基礎的な知識・技術をしっかりと学ばせるものまで、それこそ千差万別である。中には、終了後の情報交換会つまりは懇親会のみに出席して、人脈づくりに余念のない人たちもいる。

これらの会合は、その内容がしっかりしていればいるほど、わが大学院プログラムと競合するものもあり、私としても無関心ではいられないが、これだけ多くの研究会が開かれている以上、その二ーズは相当のものと思われる。ただ、参加者の視点に立てば、その内容を十分に吟味して参加することが望ましいであろう。大学の本質を理解しない単なる経験談や個人的見解は、会合参加中そして終了直後には大変心地よく感じられるかもしれないが、これが参加者の能力開発や仕事への応用にどれほど役に立つかと考えると、疑問符のつくものもあるからである。

理論を学ぶ重要性

このようなことを考えると、本誌の読者の皆さんには、ぜひ高等教育に関する歴史や基本的理論のようなものを学ばれることをお勧めしたい。歴史の話はさておき、理論と聞くと何か堅苦しいもののような印象を持たれるかもしれないが、およそ理論というものは、先人たちが実験、観察、考察などの手法によって具体的な事実の中からある種の法則を抽出した知識の結晶のようなもので、とくに高等教育研究者の多くが関わる社会科学の領域では、現状を説明する際の理解の手がかりとして、あるいは将来見通しについて、その根拠として役立つものである。もちろん、自然科学の分野のように精密な仮説・実験を経て得られた理論とは異なり、ある種の蓋然性を伴うのはやむを得ない。「当たらずといえども遠からず」と言われるように、物事の基本的な道筋に沿っていれば、多少の例外には目をつぶるのが文系分野の学問における理論というものであろう。

以上のようなことを承知の上で、初学者が学ぶべき理論の第一は、やはりマーチン・トロウの高等教育発展段階理論であろう。この理論はあまりにも人口に膾炙しているがゆえに、進学率15パーセントまでがエリート、50パーセントまでがマス（大衆化）、50パーセントを超えるとユニバーサル（普遍化）という数値が一人歩きしすぎている感がある。しかし、トロウの書いたものを注意深く読めば、高等教育を学ぶ同世代の人々が増えるにしたがって、高等教育は量的のみならず質的変化をもたらすものだという、一種の普遍的法則ともいうべきものを、彼は主張しているということがわかる。

ユニバーサル化の本質の理解を

日本の読者のために、かつて天野郁夫・喜多村和之の当時の新進気鋭の研究者がトロウの論説をとりまとめて訳出し編集した『高学歴社会の大学』（１９７６年、東京大学出版会）という名著がある。この本は、初版当時から大いに注目され、その頃文部省の隣にあった国立教育会館で毎月のように開かれていたＩＤＥ（今の大学協会、当時の民主教育協会）の文献講読会で、トロウの理論を熱心に学ぶ関係者の姿があったことを、今でも鮮明に覚えている。

注意すべきは、エリートからマスへ、マスからユニバーサルへと高等教育が発展する中で、高等教育のすべてが一斉に変わるわけではない。マスのシステムに移ってもエリート的な要素は残るし、またユニバーサル段階に移行した後も、かつての姿をそのシステム内にとどめるのが、現実の高等教育なのである。また、進学率が50パーセントを超えると機械的にユニバーサルになったと理解するのも適当ではない。トロウはユニバーサル段階の高等教育について、成人・職業経験者の入学数の激増をその特色として重視しており、我が国のようにほとんどすべての学生が20歳前後の若者という高等教育は、たとえ進学率が50パーセントを超えても、これが果たしてユニバーサルと言えるのかどうかは大いに疑問である。

良質な高等教育供給のために

　第二に、バートン・クラークの「三角モデル」についても大いに学ぶべきものがある。彼は、一国の高等教育の性格を決める三つの要素を、国家、市場、教員自治（図表では大学（教授会）と表記）の三つに分けて、これを三角形の頂点に位置づけ、その頂点からの距離のバランスによって、異なる高等教育システムが形成されるとした。図表のような位置関係で、今矢印の根元に位置する高等教育システムが、仮に矢印に示す方向に移動するとすれば、おのずからその性格は異なってくるだろう。私は、国家に近い位置にある高等教育は「官僚モデル」、市場に近い位置にあれば「企業モデル」、大学（教授会）に近い場合は「同僚モデル」ではないかと考え、自著でも書いたことがある。

図表　二つの理論枠組

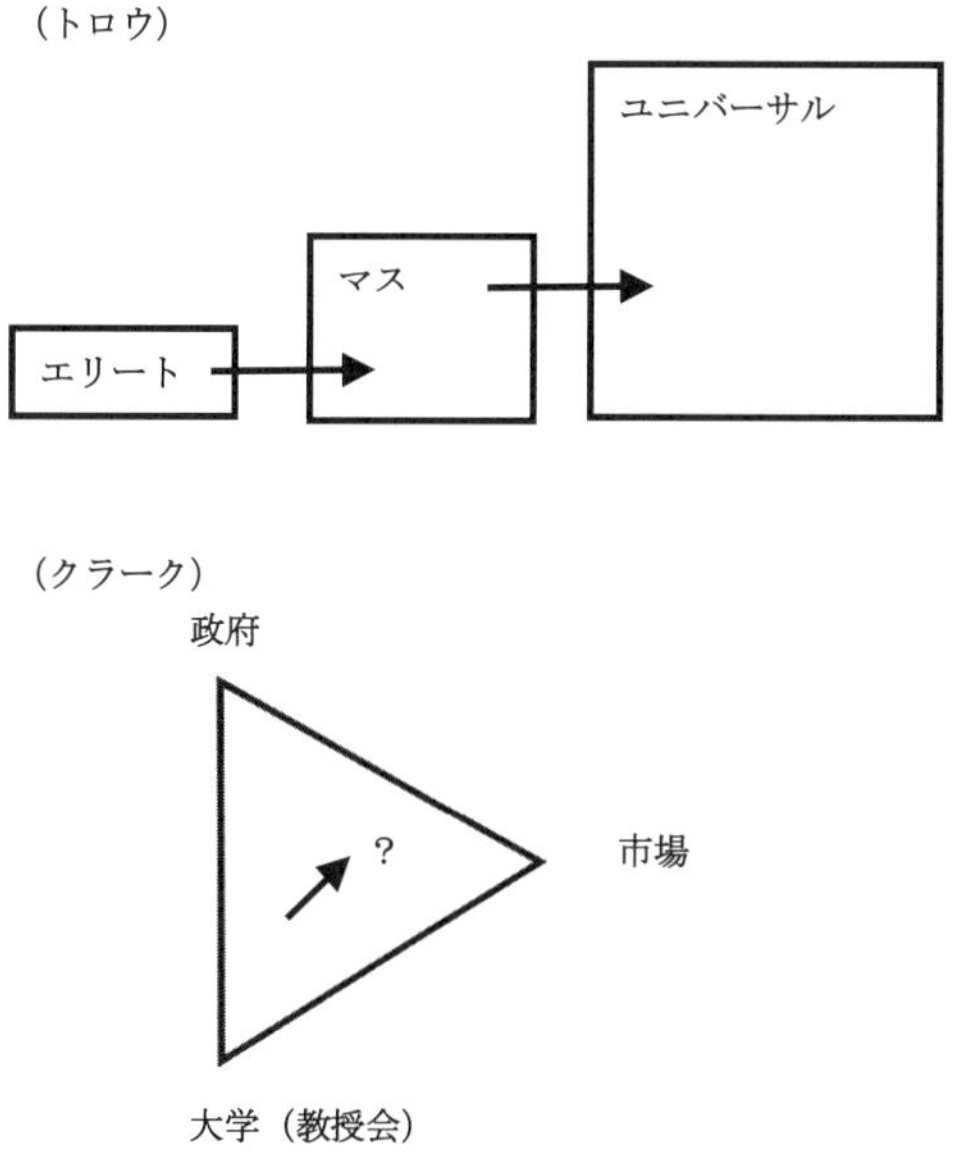

（出典）原典に基づき、山本眞一作図

　今、我が国の高等教育は、強い政権、右傾化する社会、グローバル指向の産業界の影響を受け、また18歳人口の減少の中で顧客（学生）獲得競争に巻き込まれる中、従来の性格を大きく変えようとしている。しかし、良質の高等教育は、国家、市場、大学（教授会）の三つの適切なバランスがあってこそ供給可能なのである。一国の高等教育の健全度、個々の大学の立ち位置を計測する絶好の枠組みであると思うので、読者の皆さんもぜひ深く学んでほしい。原著『The Higher Education System』は大変難解な本であるが、有本章氏が関わった『高等教育システム』（１９９４年、東信堂）という訳書もあるので、参照されると良いであろう。

聴きっぱなしの講演会とは異なる、理論を中心としたしっかりとした学習にも励まれることを望むものである。

（２０１５年５月11日）

8―2　冬休みの読書～高等教育をより深く考えるために

大学改革の本格的考察

年末が近づいた。2015年も大学にとっては厳しい年だった。4月に施行された改正学校教育法によって、これまで大学の管理運営の中心的存在として位置づけられていた教授会の機能が、大学の「重要な事項」の審議機関から、学長の求めに応じて意見を述べるに過ぎないものにされ、教授会自治に象徴される「同僚制」的管理運営から、学長を組織の長として重要視する「官僚制」的管理運営にますます傾くかたちになった。しかし私には、学長も自主独立の経営者というよりは、国の主導のもとに作成された経営マニュアル（中期目標・中期計画）に沿って大学を運営する、旧商法43条にあった「番頭」のように見える。大学改革の窓口が学長に一本化されただけである、というのは言い過ぎであろうか。

また、今秋騒ぎが大きくなった国立大学の教員養成や人文社会系の見直し問題は、行政当局による必死の「火消し」作業にもかかわらず、終息したとは言えない状況である。反面、実際には多くの国立大学で文系分野の改組転換が進められていることから、昨今の大学改革がいかに大学の本丸にまで切り込んできているか、ということもよく理解できる。このようなとき、大学の経営や管理運営に関わる者は、学長や理事などのトップから一般事務職員に至るまで、少し時間をとって大学の本質や改革問題の真の理解、つまり高等教育とは何かということについて、より深く考えることが必要ではないか。冬休みも近いことであり、今年出た本の中からいくつかを選んで、皆さんに紹介することとしよう。

まずは改革全般の理解について。最近の高等教育研究も微細なテーマに分け入りすぎて全体像が見えない中、江原武一『大学は社会の希望か』（東信堂）は、昨今の状況をオーバービューする上での好著である。著者によれば、本書は「今日の日本の大学改革の特徴や課題を系統的に整理、集約するとともに、現在の改革はどのような発想にもとづいて行われているのかとか、今後の改革の方向をどのように見定めればよいのかといった、大学改革をめぐる諸問題を幅広い観点から考える」ことを目指している。内容は、社会変動と大学の変容、学部教育の改革、大学の管理運営、大学評価の展開など多岐に及んでいるから、大学改革を本格的に考えようとする者にとって、その導入としての役割も期待できよう。

歴史と国際の視点から

大学問題を考えるには、歴史的視点を考えなければならないことは言うまでもない。大﨑仁氏の名著『大学改革』（有斐閣）はしばらく前の本だからこれをさておくとして、今年ちょっとユニークな本が出た。高橋誠『日本の大学の系譜』（ジアース教育新社）がそれである。著者は文部省に長く勤め、その後国立大学の理事・事務局長を務め、退官後も私大事務局長として活躍中であるが、この本は日本の大学の歴史に独自の光を当て、意外性のあることがらや忘れられつつある史実を丹念に掘り出し、分かりやすい文章と相まって、読み進める読者を飽きさせない。『文部科学教育通信』（ジアース教育新社）にも広告が載っているので、一度手にされるとよろしいのではないか。

大学というものの理解には国際的視点が欠かせない。歴史と国際を兼ねて勉強するなら、ヨーロッパの大学史を学ぶことは有益である。これまでにも数々の名著があるので、それをご覧になるのもよろしいが、１９８８年刊行で今年新装版として出たハンス＝ヴェルナー・プラール（山本尤訳）『大学制度の社会史』（法政大学出版局）などはいかがであろうか。中世の大学の始まりから、さまざまな時代を経て、戦後間もなくのドイツの大学に至るまで、歴史の区分に従って記述されている。これまでの皆さんの知識の間隙を埋めるつもりで読んでみるのも面白い。

しかし、もし冬休みに多少の時間を取れるのであれば、世界の大学改革の現状と課題を広く横断的に眺めてみるのも悪くはない。Pavel Zgaga ほか編著『Higher Education Reform : Looking Back - Looking Forward』（Peter Lang）は、今年出たばかりの新著であり、ここに出ている28本の著書論文は、世界各地で活躍している新進気鋭の研究者から大御所まで含めて多様な人々によって書かれたもので、最新の情報を得る上でも好都合である。このように褒めた上で、実は私も一本書いているのだと言うのは、少々気恥ずかしいことではあるが、Higher Education Reform : Why Did it Start and Has It Ended? というテーマで我が国の実情についてまとめてみたので、皆さんのご批判を仰ぎたい。

教育の質保証とその現実

さて、大学改革の最近の関心事の一つに教育の質保証がある。そして教育の質保証はまた世界的な現象であるから、世界の状況も視野に入れる必要がある。そういう意味で、深堀聰子編著『アウトカムに基づく大学教育の質保証～チューニングとアセスメントにみる世界の動向』（東信堂）は、アメリカ、ドイツ、フランスなど10カ国の実情分析と総論等からなっており、このテーマで整理した世界の大学教育の現状を理解するのに役立つ。同じく、松下佳代編著『ディープ・アクティブラーニング〜大学授業を深化させるために』（勁草書房）は、著者らの主張する学びのあり方と、カリキュラム、授業、評価、学習環境などを結びつけながら、単なる能動的な学習以上の意味づけを大学教育改革に与えようとする好著である。

ただ、大学教育がいかに改善されても、多くの学生にとってこれが就職に役立たなければ、やはり大きな不満が残るであろう。逆に、一部の優秀な学生は別として、ノンエリートとみなされている多くの学生に必要な教育とは何か、ということを真剣に考えなければ、いくら立派な大学教育論を主張してもそれは空しいものになってしまう。その意味で、居神浩編著『ノンエリートのためのキャリア教育論』（法律文化社）は、「学校の勉強が苦手であった、あるいは成績が良くなかった」学生たちに、何を教えるべきかについて、従来のキャリア教育論とは異なる視点を読者に与えてくれる。それは、例えば「適応」と「抵抗」というキーワードで表されるように、卒業後の厳しい就職環境の中でも、何とかやっていけて、また少なくとも労働者としての権利行使ができるような能力を養うべきであるという著者たちの主張にもつながっている。

実際、我が国の大学教育の改革は、大学生の就職問題と切っても切れない関係がある。つまりは、我が国の雇用システムについての現状と問題点の正しい理解の上に立つ大学教育論が必要である。常見陽平『就活と日本社会～平等幻想を超えて』（ＮＨＫ出版）は、我が国における「新卒一括採用」の特徴をよく整理しており、また、山田昌弘『なぜ若者は保守化したのか～希望を奪い続ける日本社会の真実』（朝日文庫）は、大学生を含めて現代の若者を巡る諸環境の厳しさを論じている。また、これらと裏腹の関係は、橘木俊詔『日本のエリート』（朝日新書）によって確認することができるであろう。

紙数が尽きそうなので、これ以上の紹介は難しいが、私が10月にカターニアの国際会議で出かけた折、主催者が配布したCaroline Carlotほか編著『The Role of Higher Education in Regional and Community Development and in the Time of Economic Crisis』NIACEは、大学と地域との関係について、欧米の大学人がどのように見ているかを理解する手がかりになるものである。PASCAL事業の精神もこのような基盤の上に成り立っているように思える。皆さんも時間があれば読まれればよい。以上、今年出た本の中からいくつかを紹介する次第である。

（2015年12月14日）

8―3　リースマンの「大学革命」

～今日的視点での再読を

古い書棚に生き残った名著たち

昨年（２０１５年）暮れ、忙しい中ではあったが自宅の書棚の整理をしようと思い、古い本を埃の中から何冊か取り出して眺める機会があった。１９６７（昭和42）年に大学に入学してから来年で50年になり、学生時代や文部省に勤め始めの若いときに買った本の多くは他人に譲ったり、処分したりしたものだが、それでも幾冊かの本はその処分の網から逃れて、古い書棚の一角で息を潜めるかのように生き残っていた。当時の学生は今とは違って、本をできるだけ多く買うということが大学生として当然のことのように思っていたし、私もその中の一人であった。私が学生生活の前半を送った三鷹の学生寮は、旧制東京高校以来の歴史と伝統があり、仲間たちで酒を飲んでは「万巻ノ書ハ庫ニアリ」と古い寮歌を歌ったこともあって、それは今でも鮮明な記憶として残っている。

書棚に残っていたのは、アメリカの著名な社会学者であるデビッド・リースマンの『孤独な群集』（加藤秀俊訳、みすず書房）と、リースマンがクリストファー・ジェンクスと書いた『大学革命』（國弘正雄訳、サイマル出版）である。『孤独な群集』の方は確か大学に入学した最初の学期に受講した社会学か政治学の授業で、参考図書として指定されたものである。入学時の諸手続と並んでこの本を始め何冊かの本をキャンパス内で購入したことを覚えている。この本でリースマンは、当時の「現代人」の社会的性格を「他人指向型」と名づけ、「伝統指向型」「内部指向型」など過去の社会における人々の性向との差異を意味づけるような説明をしている。我が国でも近年「劇場型政治」が横行していて、国民の政治意識が、一部の政治家の言説や社会の雰囲気に左右される度合いが増し、国の将来に大きな不安材料となっている。このため、50年以上前に出た本でありながらなお深い示唆に富むこの本を再度読み通して、昨今の世相の深奥をよく理解してみたいと思っている。

色あせない大学論を読んで

しかし、本日はそのような話をするために書いているのではない。もう一冊の『大学革命』の方である。１９６８年に原著が出版されたこの本の目次は、１．大学の矛盾と抗争、２．社会の階層分化と大学、３．大学と上昇志向型、４．大学の成立と発展、５．教育の場としての大学、６．研究の場としての大学、であって全体を6章に分けている。訳者の國弘正雄は、本書のまえがきで、「大学の効用」の著者クラーク・カーが本書を絶賛していることを紹介しつつ、「アメリカの高等教育の多様性と、尽きることのない複雑多岐さ、現代社会と現代人、社会の進歩と教育の役割の深い関係について多角的に分析展望している」と述べている。

私がこの本を購入したのは、おそらくは在学中ではなく、文部省に勤めはじめてからの１９７０年代半ば頃のことかと思うが、それでも90年代大学改革の開始よりは遥かに前のことである。その当時の問題意識がどうであったかも定かではないが、今回改めて読んでみたところ、今日の我が国の大学の状況やその問題点と驚くほど類似性があるとの印象を持った。あたかも、１９６３年の中教審38答申「大学教育の改善について」が今日の大学改革の課題のほとんどを言い当てているのと同じである。

例えば第2章「社会の階層分化と大学」においてリースマンは、アメリカの大学の決定的な存在理由は教育ではなくして資格認定であるかもしれないとして、ほとんどすべての大学の講義は、試験や成績によって評価され、学位称号や修了証書で完結するが、このようなレッテルを貼らない大学、つまり講義だけはしっかりするが学位を出さないようなところは顧客を見つけることができないとする。これに反し「なんらの教育をもほどこさない「大学」も、それが授ける学位称号のゆえに市場をみつけることが可能である」とし、いわゆるディプロマ・ミル（学位称号販売会社）の存在を指摘している。これなどは、我が国の大学とくに大衆化した文系学部の多くで、産業界が学生の受けた教育内容や試験の成績を問うことなく、難しい入試にパスし、めでたく卒業して学士号をもらったということだけでその学生の潜在能力を判定するという、日本的雇用慣行と結びついた悪しき慣行があり続けたことを思わせるのである。確かに学歴社会のアメリカでは、学位こそ大学が学生に売りつける最大の商品であるのかもしれない。「就社社会」の我が国では、入試難易度つまりは偏差値ランキングが大学評価の唯一の指標であったかのように、である。

また、同じ第2章において、大学教育の大衆化に伴い大学教育に実用教育が導入され、「裕福な家庭の出身でもない若者にとっては、リベラル・アーツ教育などはぜいたくなお遊びにすぎなかった」と述べているくだりは、昨今の文系教育の有用性が議論されている我が国の大学教育の批判にもつながるものである。エリート色の強かった時代の大学教育の原理原則が、大衆化した大学教育にはそのままでは適用しがたいことを示している。我が国における職業教育中心の大学のあり方論議とも重なるものを感じる。

伝統的大学観ばかりではなく

そういえば、マーチン・トロウも、エリート型の高等教育においては「エリート・支配階級の精神や性格の形成」が大学の機能であるのに対し、ユニバーサル型のそれでは「産業社会に適応しうる全国民の育成」にあるとされており、伝統的な大学の機能がそのまま受け継がれるのではないとしている。ところが、我が国においてはついこの前まで、大学の種別化論議は半ばタブーとされてきて、ようやく90年代の終わり頃から、多様化による特色の追求が大学の教学経営の主軸に据えられるようになった。当然、大学における教養教育・専門教育・職業教育のバランスにも変化がみられ、それが肯定的に捉えられるようになる。これに拒絶反応を示す大学教員はなお多いとは思うが、すべての大学に通用する一律の大学教育原理というものは、もはや過去のものになりつつあるのかもしれない。

いつの時代にあっても、学問の自由・大学の自治に裏付けられる伝統的な教育観というものを大事にする必要がある。しかし、すべての大学にそれを押し付けることはできない。実践的な職業教育や国家資格取得準備のための教育をカリキュラムの中心に据えることによって、学生や産業界のニーズに対応しようという、いや対応せざるをえないと考える大学も多いからである。あらゆる大学を一律に扱うならば、伝統的な大学理念に傷をつけるばかりでなく、職業教育を中心に据えたいと考える大学にも、余分な負担を強いることになりかねない。

その解決策は当面、大学の多様化であろうが、やがては「大学」と呼ばれる高等教育機関と、それ以外の名称で呼ばれる高等教育機関に分けた方がすっきりするという議論に発展していくだろう。今、我が国の社会構造には、数十年に一度と思われるような大変革の予兆がある。高等教育の世界においても同様である。政治情勢の推移次第では、長年の懸案を一挙に解決しようという動きが加速するかもしれない。その変化が望ましいものかどうか、我々は今一度しっかりと大学というものを考える必要がある。その意味からも、かつての大学紛争期に出版されたこの本が多くの人々によって再読されることを望みたい。

（２０１６年１月25日）

8－4　冬休みの読書～新刊ラッシュの中で

先日、ある出版社の社長から最近の出版事情を聞く機会があった。それによると、現在、我が国の出版社総数は三千五百社余り（うち4分の3は東京に所在）あり、書店数は一万五千店ほどである。また、15年前に比べて出版社数は千社、書店数は一万店近く減っているとのことであった。その中で、2015年の出版状況は、販売額が前年比5・3パーセント減の1兆5千億円であるにもかかわらず、雑誌を除く新刊の点数は7万6千点を超え、前年とほぼ同じであったそうだ。また新刊点数はこの15年間で1万点も増えており、その社長は「異常な数」と述べた。若者の活字離れが指摘され、必ずしも大きいとはいえない市場に多くの出版社が競合し、新刊を出し続けていないと経営が成り立たない事情があるだろうか。

そのような事情の中ではあるが、今年（2016年）も大学問題や高等教育をテーマとする新刊が数多く出版された。以下は私個人の限りある能力の中で読んでみたもののみではあるが、皆さんの冬休みの読書の参考に供したい。

大学改革の原点

まずは本格的高等教育研究の本として、天野郁夫著『新制大学の誕生（上）（下）』（名古屋大学出版会）がある。この本は、2013年に刊行された『高等教育の時代（上）（下）』（中央公論社）の続きであろうかと推測されるが、単に戦後の新制大学の成立時点を扱うにとどまらず、戦時下の高等教育の改革構想にかなりのスペースを割いて、新制大学の成立に至る諸経緯を詳細に調査し分析している。現在の大学改革の原点は、この新制大学の成立とその修正過程にあることを思えば、この上下2巻で全9章にまとめられた論考は、まさに今日においてこそ深く読み学ばれるべきものであると思う。研究者だけではなく政策担当者や大学経営者にも広く読まれることを強くお薦めしたい。

同じく研究者の手になる書として、有本章著『大学教育再生とは何か～大学教授職の日米比較』（玉川大学出版）は、筆者のライフワークとも言うべき大学教授職をテーマとしつつも、大学の理念や大学論など広い範囲にわたる課題を取り上げ、詳細に記述している。筆者の言葉を借りれば「中世大学から近代大学に至る900年にも及ぶ大学の歴史に学びながら、米国と比較した日本の大学、大学教育、その担い手である大学教授職の現状に対する問題点や課題をめぐって社会学的分析を試みた」とあり、大学とは何かという根源的な問いかけに答えてくれるものとして、これを学ぶに最適の本である。

国際流動性増加の影響

次に近年とみに関心が高まっている国際流動性との関係で何冊か紹介しよう。松塚ゆかり編著『国際流動化時代の高等教育～人と知のモビリティーを担う大学』（ミネルヴァ書房）は、人の国際移動が進むとき、大学はどう変わるかという問題意識によって編まれた論文集である。第一部「国際流動性の地域研究」および第二部「流動性を促進する制度と仕組み」に分けられた本書で扱われる国や地域は大変多く、英国、フランス、ドイツ、ポーランドなどのヨーロッパ、中国、日本、韓国、モンゴルという東アジア、そして米国にまで及ぶ。我が国でも知らぬ間に留学生の数が激増しつつある中、国際化の進展をこのような観点から考えることは、非常に有益であると考える。

東アジアの大学に限れば、南部広孝著『東アジアの大学・大学院入学者選抜制度の比較～中国・台湾・韓国・日本』（東信堂）がある。東アジアの伝統的な観念の継承の中で激しい進学競争と受験過熱が見られるこれらの国に着目し、相互の比較の中で共通性と特異性を考察したものである。筆者は政府の役割の強さというものに着目しているようだが、同時に入学者選抜は学生の行動にも影響を与えるものであり、これらの国から多数の留学生を受け入れている我が国の大学関係者にも大きな示唆を与えてくれるであろう。

同じく東アジアを扱った嶋内佐絵著『東アジアにおける留学生移動のパラダイム転換～大学国際化と「英語プログラム」の日韓比較』（東信堂）は、非英語圏の高等教育国際化によって増加する英語プログラムが、留学生移動に変容をもたらしたこと、歴史的に日本語や韓国語という自国語によって「同化型」留学を基本としていた両国において、留学概念の転換によって何が生み出されたのか、という観点で執筆された力作である。英語による教育については、グローバル30をはじめさまざまな競争的資金を通じて、文科省も推奨しているものである。西洋英語圏への従属という批判がある一方で、これまで気づかなかった観点を深く掘り下げている点で、一読に値するものであろう。

格差社会進行の中で

格差社会というものが話題になるのは近年の特徴であるが、荒牧草平著『学歴の階層差はなぜ生まれるか』（勁草書房）は、筆者の言葉を借りれば「個人の自由な行動選択が認められ、身分制のような制度的な差別の存在しない現代の日本社会で、なぜ学歴達成の階層差が生じてしまうのか」を明らかにするのがこの本の主題である。この分野の実証データとして研究者の間で使われている「社会階層と社会移動」（ＳＳＭ）調査データによる数量分析を駆使しつつ、さまざまな仮説を検証している。筆者は「どれも正解ではない」と極めて抑制的な結論を書いているが、その問題枠組みを理解するだけでも有益ではないだろうか。

ヨーロッパとくにフランスは階層社会であると理解されているが、この国においても教育の大衆化は進んでいる。園山太祐編著『教育の大衆化は何をもたらしたか』（勁草書房）で、編著者の園山氏は「フランスでは、戦後一貫して教育の大衆化を進めてきた」結果、その成果は「数量的には達成したと言えるだろう。バカロレアの受験者数および合格者数は事実一貫して上昇してきた」としつつも、「質的な面においては、出身階層（文化資本）別の差異が際立ってきている」とし、一部のマイノリティーにとって「その学歴が絶対的な保障ではなくなっていることも紛れもない事実」だとする。さきほどの荒牧氏の著書でも文化資本の差異が紹介されているが、同一学歴取得者の間にさえ社会階層差があるのだとすれば、教育とりわけ高等教育の効果や役割というものに根本的な疑問が生じるのではないか。

終わりに、私自身が関わった本を二冊取り上げたい。一つは山本眞一著『質保証時代の高等教育（続）』（ジアース教育新社）である。これは、私が『文部科学教育通信』（ジアース教育新社）の各号に連載として高等教育に関わるさまざまな事象や問題を取り上げて論じている原稿を、二年分ほどまとめたもので、２０１３年に出した同名の本の上・下に続くものである。大学改革がますます存在感を出している昨今、その動きがなぜ鎮静化しないのか、改革を進める原動力は何処にあるのか、というような問題意識でまとめてあるので、興味を持たれた方はぜひ読んでいただきたい。また、山田礼子編著『高等教育の質とその評価～日本と世界』（東信堂）は、編著者が主宰する国際共同研究チームの研究成果であるが、その中で私は、「大学・政府・社会～日本における近年の大学改革の背景」と題して、全14章の中の1章を執筆した。もともとは国際研究集会で英文として発表したものなので、自分の英文を自分で和文に翻訳するという不思議な体験をした。

まだまだ紹介したい本はあるが、紙面のスペースの関係でここまでとしたい。皆さんどうか良いお年を。

（2016年12月26日）

8―5　冬休みの読書
～混迷する大学改革を読み解くために

今年（２０１７年）は、年明けから文部科学省が政争の嵐に巻き込まれ、激動の一年であったように思われる。その嵐の中から、高等教育政策を左右するのは、決して文科省に止まるものではなく、そのさらに上に大きな権力システムがあること、すなわち政治というものの存在を感じられた方も多かったろうと思う。政治的弱者（優先課題の低い者）にしわ寄せがいくのは、世の常ではあるが、霞が関の政策形成もこれと同様の原理が働いているのではないか、というのが私の率直な感想である。

大学のあり方を考える

そういう時期だからこそ、もう一度大学というものをしっかりと考える必要がある。年末恒例のことだが、今年出た本の中から皆さんにお読みいただきたいものをいくつか紹介してみたい。第一は、大学というものをどのように考えるかという視点である。天野郁夫『帝国大学』（中央公論社）は、「近代日本のエリート育成装置」という副題が示すように、今日に至るまで我が国の高等教育界をリードしてきた帝国大学というシステムを、その成り立ちから発展、戦後改革期に至るまで論述したものである。１８８６年の帝国大学令以来の、設立・拡充の様子、帝大生の学生生活や就職先、教授たちの研究と組織体制など多岐に渡って書かれてある。戦後改革による改編を余儀なくされつつもその優位性を保持し続け、今日「研究大学」として厳然たる存在感を示す「旧帝大」の姿を知るには、欠かせない好著である。昨年出た同氏の『新制大学の誕生』（名古屋大学出版会）と関連づけながら読まれるとよいのではないだろうか。

苅谷剛彦『オックスフォードからの警鐘～グローバル化時代の大学論』（中央公論社）は、近年のグローバル対応の資金獲得や大学ランキングに目を奪われて「英語による教育」に過度に傾きつつある我が国の主要大学の動きを批判的にとらえ、日本独自の学問体系の構築とその発展によって、世界的貢献を果たすべきだと解いている。まさに正論であろう。アキ・ロバーツ、竹内　洋『アメリカの大学の裏側～「世界最高水準」は危機にあるのか？』（朝日新聞出版）は、日頃我々が大学改革の手本としているアメリカの大学もさまざまな問題を抱えていることを、米国の大学の現職教員であるロバーツ氏の鋭い観察眼で描いたものである。すでに多くの人々の知るところであるが、米国の大学は格差社会の中で生きているものであり、また多くの学生が高騰する授業料にローンという形で苦しめられている現状は、米国の優等生的な大学や学生としか接することのない我が国の大学関係者の多くには、改めて大学改革の手本として何を学び取るべきかを考える手がかりになるであろう。

私学経営の危機

第二に大学院人材のこと。世界のトップクラスの大学は、日本でいう学部生よりも大学院生の在学者数が多い。しかし我が国ではごく一部の大学を除き、大学院の存在は極めて薄い。かつその少ない院生とりわけ博士課程修了者の就職先は限られており、数が少ない上に過剰感があるという特異な存在である。しかしその中でも、努力を重ねて様々なキャリアパスを切り開いている人々がいる。栗田佳代子監修、吉田塁・堀内多恵編『博士になったらどう生きる？～78名が語るキャリアパス』（勉誠出版）

は、15の専門分野について現在活躍している人たちに「博士がどういうキャリアを辿るのか」について78名に対して行ったインタビュー結果をまとめたものである。博士というものについて、単なる制度的・マクロ的把握だけでは不十分であると、私も日頃から思っていたが、このような本が出版されたことは、博士についての具体的イメージを形成する上で大いに参考となるものである。

さて、第三の視点は私立大学の経営危機である。1990年代から急増を重ねてきた私立大学は、いわゆる2018年問題（18歳人口の再減少）に直面し、いまや大学経営上抜き差しならぬ段階にさしかかりつつある。渡辺孝『私立大学はなぜ危ういのか』（青土社）は、日銀出身で文教学園の理事長まで務めた経済通の著者が、「社会の構造変化から取り残された大学業界」というメインコンセプトを元に、戦後の高等教育政策の変遷と私立大学の軌跡、私大の入学市場需給と経済状況、文科省対応と今後の展望という三部構成で、冷静に問題を分析した本である。問題状況を広い視野から正確に捉えるのに役立つことであろう。木村誠『大学大倒産時代～都会で消える大学、地方で伸びる大学』（朝日新聞出版）は、「まず地方の中堅私立大学が危機に陥り、都市の私立大学下位校に連鎖する」という仮説に沿って、大学の具体名を挙げながら、18歳人口の再減少期と地方の衰退という二重苦の中での、大学生き残り策を説いている。大学経営者や管理者にとって見逃せない一冊であろう。また、昨年12月の出版であるが、小川洋『消えゆく「限界大学」～私立大学定員割れの構造』（白水社）は、同じく大学の具体名を挙げつつ、存在の限界に立たされているいくつかの大学も例に、大学とりわけ地域に貢献すべき中小規模の大学の役割等に問題を投げかけている。合わせて読まれるとよい。

改革熱の頭を冷やす

第四の視点は、大学改革の動きをどうとらえるか、である。藤本夕衣・古川雄嗣・渡邉浩一編『反「大学改革」論～若手からの、問題提起』（ナカニシヤ出版）と山口裕之『「大学改革」という病～学問の自由・財政基盤・競争主義から検証する』（明石書店）については、本誌４１９号（２０１７年９月11日）で紹介したので、ここでは省略するが、今年出た大学改革に関するもので最も優れた、かつ読み応えのある本である。まだ手にとっておられない方には、ぜひ一読をお進めしたい。また、コンラート・パウル・リースマン（斎藤成夫・齋藤直樹訳）『反教養の理論』（法政大学出版局）も大学改革を見直す好著であると思う。著者はいまオーストリアで最も著名な哲学者だそうだが、「人文学からの反撃」、「大学改革の錯誤」などと翻訳者から副題を付けられたこの本にかかれば、知識社会もボローニャ・プロセスも酷評の対象に過ぎないものである。大学改革でいささか過熱しがちな我々日本の大学関係者にとって、頭を冷やすにはもってこいではないか。

最後に、未来の大学をしっかり育てたいと思う人に一冊。昨年12月の出版ではあるが、寺﨑昌男編著『21世紀の大学：職員の希望とリテラシー』（東信堂）は、著者の長年の研究生活をベースとしつつも、「職員のグループから招かれて行った連続講義の記録を本にする」という企画にそって編まれたもので、地に足が着いた議論にあふれている。講義を聴いた大学職員が「エッセイ」として書いた小論も本書の魅力を増している。これは大学というものを職員の目から見るとこうなるという見本のようなものである。職員だけではなく教員にも一読を進めたい。また、地道に大学改革を実践したい人たちには座右の書とすべきものである。

年末、自宅近くの書店の書架を何気なく眺めていたら、河本敏浩『医学部バブル～最高倍率30倍の裏側』（光文社）という本が目に付いたので購入した。常日頃、医学部に優秀な人材が流れ過ぎることを苦々しく思っている私の知的欲求を満たしてくれるかと思ったのだが、内容的には医学・医師に対する批判というよりは、医学部受験の実態を具体的に説いた本であった。しかし褒めすぎず、かつ貶めることなく客観的に書かれたものであるので、関係者には案外役立つ本ではないかと思う。

どうか良い新年をお迎えいただきたい。

（２０１７年12月25日）

8―6　冬休みの読書～大学の将来を占うために

しっかりした大学観をもつために

２０１８年も早や年の暮れ。月日の経つのはまことに早い。今年は洪水や震災など大きな自然災害があり、また猛暑に寒波と自然界の動きはまことに激しいものがあった。科学技術の進んだ今日でも、自然界をコントロールするには人知はまだまだ小さいものである。しかし、自然界の激しい動きに同調するかのように、昨今の大学界を巡る動きもめまぐるしい。そしてこれに対応する大学も監督官庁も、まるで当事者能力を失ったかに見えるほど無力であると私は感じている。戦後間もなくの頃、政治家や官僚、有識者たちは、先の戦争は誰かが止めてくれると思ったと述懐したと聞いているが、当事者意識を欠いた態度では大勢に押し流されることは間違いない。ちょうど今の大学界もそれに当たるのではあるまいか。このまま事態が推移すれば、大学はとんでもない状況にますます追い込まれてしまうのではないか。まさに「大学解体」も絵空事ではない。要注意の黄信号が点滅しているのが昨今である。

このような時、読者の皆さんを含めて大学関係者は何をすればよいか？　大学をより良いものにするために、政治的な手立て、行政への働きかけ、研究・教育を通じた啓発、地域サービスの充実による周りの理解など、立場に応じてさまざまな効果的な動きをすることが求められようが、まずはしっかりとした大学観をもつ必要があるのではないか。冬休みの貴重な時間を使って読書をすることは、然るべき行動の準備として必要な基礎的作業である。その意味で、この冬休みにはしっかりと大学というものを考えたいものである。以下に紹介するのは、私が目にした今年刊行の本の中からのいくつかの紹介である。

第一に大学というものの基本理解が必要である。今さらと思われるかもしれないが、今年、しっかりした教科書が出た。東京大学大学経営・政策コース編『大学経営・政策入門』（東信堂）である。これは東大教育学研究科の大学経営・政策コースに関わる教員たちを中心に書かれたもので、本の帯には大学の経営・政策の包括的なテキストであるとして「各分野のトップ研究者が最新の知見を用いて執筆・編纂した本書は、大学理事、役職者、教員、職員、大学院志望者にとって最良のテキストとなるだけでなく、（中略）様々な課題に直面する全ての大学人必読必携の書である」とある。全体は12章に分かたれ、それぞれ異なる執筆者がこれを担当している。始めに大学の経営・政策と市場、大学の理念・制度・歴史、高等教育政策の特質など、現代の大学が置かれた状況を概括し、その後、組織、人事、財務などの大学経営の「屋台骨」を論じ、さらに学生募集や教育・研究のマネジメント、国際問題に焦点を当て、最後に大学の経営・政策の将来を展望している。一読して分かるのは、確かにこの一冊を手元に置くことによって、大学経営・政策のエッセンスが理解しやすいということである。冬休みに勉強するには格好の基本書なのではあるまいか。

問題をより深く理解するために

第二に、このテキストを読んだ方には、当面する大学のホットな課題解決のための読み物が欲しくなるであろう。木村誠『大学大崩壊～リストラされる国立大、見捨てられる私立大』（朝日新書）

は、この本の副題がズバリ指摘するような大学の動きを「大崩壊」という言葉で表している。中身は、主張一本やりではなく、ちゃんとデータや事実に基づく緻密な論述であって、それなりに説得力を持つものと見た。新書版なので、外出の折など携帯して手軽に、しかし深刻な問題意識をもって読むべき本である。さらに問題意識を高めたい向きには、田中弘允・佐藤博明・田原博人『検証　国立大学法人化と大学の責任～その制定過程と大学自立への構想』（東信堂）をお薦めしたい。三人の元国立大学長が執筆したこの本は５０６頁に及ぶ大著であるが、執筆目的が「法人化にいたる経緯を辿り、あわせて法人化後の国立大学の状況の検証を通して、国立大学法人制度のもつ今日的意味を明らかにする」ことにあるとしている。事実上の代表著者である田中弘允氏は、元鹿児島大学長で、私が２０００年から翌年にかけて委員を務めていた文部省「国立大学等の独立行政法人化に関する調査検討会議」の部会において隣席に座っていた方である。始めに結論ありきで議論をかなり強引にとりまとめようとしていた座長に対して、常に批判的かつ大学の本質を的確に捉えた発言を繰り返しておられたことが印象的で、それは今でも鮮明に覚えている。法人化から10数年の歳月が経過し、関係者であっても細部の記憶が薄れているであろう国立大学法人化の実現の経緯と論点を今一度確認する意味で、ぜひ多くの人々に読まれるべき好著である。

第三に、大学の将来像に関するもの。今年11月に中教審からグランドデザイン答申が出ているが、それより前の今年4月に、日本私立大学連盟提言「未来を先導する私立大学の将来像」がある。私立大学を取り巻く急激な環境変化の中で、私立大学が自ら将来の方向性を示すことが重要であるとの問題意識から、アンケート調査などを踏まえて作成された文書であり、その中で「規模や地域等によってさまざまな特色や機能の違いがみられる」とし、「結果的に私立大学は、その自主性において、それぞれの多様性を活かしながら大学教育の果たすべき役割を分担し、ゆるやかな棲み分けを行っていることがわかりました」としている点が印象的である。なお､国大協でも国立大学の現状については、広報資料で随時広報を行っているので、あわせて参照するとよいであろう。

職員論として好著2冊

第四に、大学職員論に関する本を二冊。高野篤子『イギリス大学経営人材の養成』（東信堂）は、著者が２０１２年に出版したアメリカ大学管理運営職の養成の姉妹編とも言うべきもので、アメリカに比べてとかく知識も関心も薄くなりがちなイギリスの制度や実態について、より深い理解を得るために読みたい本である。書中で筆者が、イギリスの大学経営人材は「専門職としてのキャリアの経路が日本より確立されつつある」と述べている点は、まことに興味深い。私自身もイギリスの大学を訪問するたびに、いろいろ聞いてみるのだが、専門職としての大学横断の組織や研修機会がより有機的に大学運営と結びついているという印象をもっており、サッチャー改革以後大きく変わったイギリスの大学がどのように運営されているのか、経営人材養成という角度から眺めてみるのも悪くはない。

渡辺恵子『国立大学職員の人事システム～管理職への昇進と能力開発』（東信堂）は、元文部省職員という著者の豊富なキャリア経験に基づく好著であり、何よりも優れていると思うのは、論述に際して豊富な制度的知識を駆使し、また徹底的にデータを収集するという実証的手法によって、あくまでも実態を正確に明らかにし、これに適切な解釈を加えている点である。旧文部省や現文科省関係者であれば、直感的には十分理解しているつもりのことも、実はこうなっているということを改めて思い起こさせる本であり、また私自身のように職員論についての小著を刊行している身にも、改めて参照しなければならない本である。

　最後に洋書を一冊。Brian C. Mitchell ほか『How to Run a College ～ a practical guide for trustees faculty administrators and policymakers』（Johns Hopkins U Press）は、私が今年9月にボルチモアでの国際会議に出た折、日本の学会大会でもあるように出版社が出張販売していた機会に買い求めたものである。偶然ではあるが、ガバナンスや経営、財務、学生募集、学務、学生支援、スポーツ事業などアメリカの大学の経営の実際を知るに十分な情報が詰め込まれている。

　今年も皆さんの支援によって、予定の執筆をこなすことができた。来年もよろしくお願い申し上げたい。どうか良いお年を。

（2018年12月24日）

な行

は行

ま行

事 項 索 引

人 名 索 引

著者略歴

山本眞一

1949年生まれ。博士（教育学）。専門は高等教育システム論。1972年東京大学法学部卒業、文部省（当時）勤務を経て、1992年筑波大学助教授、1996年同教授。2006年広島大学教授、2007年同高等教育研究開発センター長、2012年桜美林大学大学院教授、2019年同定年退職。著書に、『質保証時代の高等教育』（上・中・下）（ジアース教育新社）、『大学事務職員のための高等教育システム論』（東信堂）などがある。

激動の高等教育（上）

令和2年4月7日　第1版第1刷発行

著　者　山本　眞一
発行人　加藤　勝博
発行所　株式会社ジアース教育新社
〒101-0054
東京都千代田区神田錦町1-23
宗保第2ビル5階
TEL 03-5282-7183　FAX 03-5282-7892

ISBN978-4-86371-545-5
○定価はカバーに表示してあります。
Printed in Japan